陳福成著

陳福成著作全編

第四十八冊　頓悟學習

文史哲出版社印行

國家圖書館出版品預行編目資料

陳福成著作全編 / 陳福成著. -- 初版. --臺北市：文史哲,民 104.08
頁： 公分
ISBN 978-986-314-266-9（全套：平裝）

848.6 104013035

陳福成著作全編

第四十八冊 頓悟學習

著　者：陳　福　成
出版者：文　史　哲　出　版　社
http://www.lapen.com.tw
登記證字號：行政院新聞局版臺業字五三三七號
發行人：彭　正　雄
發行所：文　史　哲　出　版　社
印刷者：文　史　哲　出　版　社
臺北市羅斯福路一段七十二巷四號
郵政劃撥帳號：一六一八〇一七五
電話886-2-23511028・傳真886-2-23965656

全 80 冊定價新臺幣 36,800 元

二〇一五年（民一〇四）八月初版

ISBN 978-986-314-266-9 08981

陳福成著作全編總目

壹、兩岸關係

①決戰閏八月
②防衛大台灣
③解開兩岸十大弔詭
④大陸政策與兩岸關係

貳、國家安全

⑤國家安全與情治機關的弔詭
⑥國家安全與戰略關係
⑦國家安全論壇。

參、中國學四部曲

⑧中國歷代戰爭新詮
⑨中國近代黨派發展研究新詮
⑩中國政治思想新詮
⑪中國四大兵法家新詮：孫子、吳起、孫臏、孔明

肆、歷史、人類、文化、宗教、會黨

⑫神劍與屠刀
⑬中國神譜
⑭天帝教的中華文化意涵
⑮奴婢妾匪到革命家之路：復興廣播電台謝雪紅訪講錄
⑯洪門、青幫與哥老會研究

伍、詩〈現代詩、傳統詩〉、文學

⑰幻夢花開一江山
⑱赤縣行腳・神州心旅
⑲「外公」與「外婆」的詩
⑳尋找一座山
㉑春秋記實
㉒性情世界
㉓春秋詩選
㉔八方風雲性情世界
㉕古晟的誕生
㉖把腳印典藏在雲端
㉗從魯迅文學醫人魂救國魂說起
㉘六十後詩雜記詩集

陸、現代詩（詩人、詩社）研究

㉙三月詩會研究
㉚我們的春秋大業：三月詩會二十年別集
㉛中國當代平民詩人王學忠
㉜讀詩稗記
㉝嚴謹與浪漫之間
㉞一信詩學研究：解剖一隻九頭詩鵠
㉟囚徒
㊱胡爾泰現代詩臆說
㊲王學忠籲天詩錄

柒、春秋典型人物研究、遊記

㊳山西芮城劉焦智「鳳梅人」報研究
㊴在「鳳梅人」小橋上

總序：陳福成的一部文史哲政兵千秋事業

陳福成先生，祖籍四川成都，一九五二年出生在台灣省台中縣。筆名古晟、藍天、司馬千、鄉下人等，皈依法名：本肇居士。一生除軍職外，以絕大多數時間投入寫作，範圍包括詩歌、小說、政治（兩岸關係、國際關係）、歷史、文化、宗教、哲學、兵學（國防、軍事、戰爭、兵法），及教育部審定之大學、專科（三專、五專）、高中（職）等各級學校國防通識（軍訓課本）十二冊。以上總計近百部著作，目前尚未出版者尚約二十部。

我的戶籍資料上寫著祖籍四川成都，小時候也在軍眷長大，初中畢業（民57年6月），投考陸軍官校預備班十三期，三年後（民60）直升陸軍官校正期班四十四期，民國六十四年八月畢業，隨即分發野戰部隊服役，到民國八十三年四月轉台灣大學軍訓教官。到民國八十八年二月，我以台大夜間部（兼文學院）主任教官退休（伍），進入全職寫作高峰期。

我年青時代也曾好奇問老爸：「我們家到底有沒有家譜？」

他說：「當然有。」他肯定說，停一下又說：「三十八年逃命都來不及了，現在有個鬼啦！」

兩岸開放前他老人家就走了，開放後經很多連繫和尋找，真的連鬼都沒有了，茫茫無垠的「四川北門」，早已人事全非了。

但我的母系家譜卻很清楚，母親陳蕊是台中縣龍井鄉人。她的先祖其實來台不算太久，按家譜記載，到我陳福成才不過第五代，大陸原籍福建省泉州府同安縣六都施盤鄉馬巷。

第一代祖陳添丁、妣黃媽名申氏。從原籍移居台灣島台中州大甲郡龍井庄龍目井字水裡社三十六番地，移台時間不詳。陳添丁生於清道光二十年（庚子，一八四〇年）六月十二日，卒於民國四年（一九一五年），葬於水裡社共同墓地，坐北向南，他有二個兒子，長子昌，次子標。

第二代祖陳昌（我外曾祖父），生於清同治五年（丙寅，一八六六年）九月十四日，卒於民國廿六年（昭和十二年）四月二十二日，葬在水裡社共同墓地，坐東南向西北。陳昌娶蔡匏，育有四子，長子平、次子豬、三子波、四子萬芳。

第三代祖陳平（我外祖父），生於清光緒十七年（辛卯，一八九一年）九月二十五日，卒於（年略記）二月十三日。陳平娶彭宜（我外祖母），生光緒二十二年（丙申，一八九六年）六月十二日，卒於民國五十六年十二月十六日。他們育有一子五女，長子陳火，長女陳變、次女陳燕、三女陳蕊、四女陳品、五女陳鶯。

以上到我母親陳蕊是第四代，到筆者陳福成是第五代，與我同是第五代的表兄弟姊妹共三十二人，目前大約半數仍在就職中，半數已退休。

寫作是我一輩子的興趣，一個職業軍人怎會變成以寫作為一生志業，在我的幾本著作都詳述（如《迷航記》、《台大教官興衰錄》、《五十不惑》等」。我從軍校大學時代開始寫，從台大主任教官退休後，全力排除無謂應酬，更全力全心的寫（不含為教育部編著的大學、高中職《國防通識》十餘冊）。我把《陳福成著作全編》略為分類暨編目如下：

壹、兩岸關係

①《決戰閏八月》②《防衛大台灣》③《解開兩岸十大弔詭》④《大陸政策與兩岸關係》。

貳、國家安全

⑤《國家安全與情治機關的弔詭》⑥《國家安全與戰略關係》⑦《國家安全論壇》。

參、中國學四部曲

⑧《中國歷代戰爭新詮》⑨《中國近代黨派發展研究新詮》⑩《中國政治思想新詮》⑪《中國四大兵法家新詮：孫子、吳起、孫臏、孔明》。

肆、歷史、人類、文化、宗教、會黨

⑫《神劍與屠刀》⑬《中國神譜》⑭《天帝教的中華文化意涵》⑮《奴婢妾匪到革命家之路：復興廣播電台謝雪紅訪講錄》⑯《洪門、青幫與哥老會研究》。

伍、詩〈現代詩、傳統詩〉、文學

⑰《幻夢花開一江山》⑱《赤縣行腳・神州心旅》⑲《「外公」與「外婆」的詩》、⑳《尋找一座山》㉑《春秋記實》㉒《性情世界》㉓《春秋詩選》㉔《八方風雲性情世界》㉕《古晟的誕生》㉖《把腳印典藏在雲端》㉗《從魯迅文學醫人魂救國魂說起》㉘《60後詩雜記詩集》。

陸、現代詩（詩人、詩社）研究

㉙《三月詩會研究》㉚《我們的春秋大業：三月詩會二十年別集》㉛《中國當代平民詩人王學忠》㉜《讀詩稗記》㉝《嚴謹與浪漫之間》㉞《一信詩學研究：解剖一隻九頭詩鵠》㉟《囚徒》㊱《胡爾泰現代詩臆說》㊲王學忠籲天詩錄。

柒、春秋典型人物研究、遊記

㊳《山西芮城劉焦智「鳳梅人」報研究》㊴《在「鳳梅人」小橋上》㊵《我所知道的孫大公》㊶《孫大公思想主張手稿》㊷《金秋六人行》㊸《漸凍勇士陳宏》。

捌、小說、翻譯小說

㊹《迷情・奇謀・輪迴》㊺《愛倫坡恐怖推理小說》。

玖、散文、論文、雜記、詩遊記、人生小品

㊻《一個軍校生的台大閒情》㊼《古道・秋風・瘦筆》㊽《頓悟學習》㊾《春秋正義》㊿《公主與王子的夢幻》(51)《洄游的鮭魚》(52)《男人和女人的情話真話》(53)《台灣邊陲之美》(54)《最自在的彩霞》(55)《梁又平事件後》。

拾、回憶錄體

(56)《五十不惑》(57)《我的革命檔案》(58)《台大教官興衰錄》(59)《迷航記》(60)《最後一代書寫的身影》(61)《我這輩子幹了什麼好事》(62)《那些年我們是這樣寫情書的》(63)《那些年我們是這樣談戀愛的》(64)《台灣大學退休人員聯誼會第九屆理事長記實》。

拾壹、兵學、戰爭

(65)《孫子實戰經驗研究》(66)《第四波戰爭開山鼻祖賓拉登》。

拾貳、政治研究

(67)《政治學方法論概說》(68)《西洋政治思想概述》(69)《中國全民民主統一會北京行》(70)《尋找理想國：中國式民主政治研究要綱》。

拾參、中國命運、喚醒國魂

(71)《大浩劫後：日本311天譴說》、《日本問題的終極處理》(72)《台大逸仙學會》。

拾肆、地方誌、地區研究

(73)《台北公館台大地區考古・導覽》(74)《台中開發史》(75)《台北的前世今生》(76)《台北公館地區開發史》。

拾伍、其他

(77)《英文單字研究》(78)《與君賞玩天地寬》（別人評論）(79)《非常傳銷學》(80)《新領導與管理實務》。

我這樣的分類並非很確定，如《謝雪紅訪講錄》，是人物誌，但也是政治，更是歷史，說的更白，是兩岸永恆不變又難分難解的「本質性」問題。

以上這些作品大約可以概括在「中國學」範圍，如我在每本書扉頁所述，以「生長在台灣的中國人為榮」，以創作、鑽研「中國學」，貢獻所能和所學為自我實現的途徑，以宣揚中國春秋大義、中華文化和促進中國和平統一為今生志業，直到生命結束。我這樣的人生，似乎滿懷「文天祥、岳飛式的血性」。

抗戰時期，胡宗南將軍曾主持陸軍官校第七分校（在王曲），校中有兩幅對聯，一是「升官發財請走別路、貪生怕死莫入此門」，二是「鐵肩擔主義、血手寫文章」。前聯原在廣州黃埔，後聯乃胡將軍胸懷，「鐵肩擔主義」我沒機會，但「血手寫文章」的

「血性」俱在我各類著作詩文中。

人生無常，我到六十三歲之年，以對自己人生進行「總清算」的心態出版這套書。

回首前塵，我的人生大致分成兩個「生死」階段，第一個階段是「理想走向毀滅」，年齡從十五歲進軍校到四十三歲，離開野戰部隊前往台灣大學任職中校教官。第二個階段是「毀滅到救贖」，四十三歲以後的寫作人生。

「理想到毀滅」，我的人生全面瓦解、變質，險些遭到軍法審判，就算軍法不判我，我也幾乎要「自我毀滅」；而「毀滅到救贖」是到台大才得到的「新生命」，我積極寫作是從台大開始的，我常說「台大是我啟蒙的道場」有原因的。均可見《五十不惑》、《迷航記》等書。

我從年青立志要當一個「偉大的軍人」，為國家復興、統一做出貢獻，為中華民族的繁榮綿延盡個人最大之力，卻才起步就「死」在起跑點上，這是個人的悲劇和不智，正好也給讀者一個警示。人生絕不能在起跑點就走入「死巷」，切記！切記！讀者以我為鑒！在軍人以外的文學、史政有這套書的出版，也算是對國家民族社會有點貢獻，對自己的人生有了交待，這致少也算「起死回生」了！

順要一說的，我全部的著作都放棄個人著作權，成為兩岸中國人的共同文化財，而台北的文史哲出版有優先使用權和發行權。

這套書能順利出版，最大的功臣是我老友，文史哲出版社負責人彭正雄先生和他的夥伴們。彭先生對中華文化的傳播，對兩岸文化交流都有崇高的使命感，向他和夥伴致上最高謝意。

台北公館蟾蜍山萬盛草堂主人　陳福成　誌於二〇一四年

五月榮獲第五十五屆中國文藝獎章文學創作獎前夕

自序——一隻猩猩的頓悟

完形心理學家苛勒（Kohler. W. 1887~1967），於一九一三到一九一七年間，在非洲卡納雷群島（Canary Islands）（摩洛哥西岸外海約四百公里的大西洋中），用黑猩猩做頓悟學習實驗，後來發表了「猩猩的心理」（The Mentality of Apes）一書。

苛勒用一隻聰明的猩猩，取名「撒旦」（Sultan），把撒旦放進籠子裡，籠中放兩根粗細長短不一的竹竿，籠外適當距離放置香蕉。實驗開始時，撒旦用一根竹竿勾取香蕉，許久未成，又用另一根竹竿勾取，還是沒能拿到香蕉。此時，苛勒暗示猩猩竹竿兩端有孔，撒但似乎思考片刻，突然牠將兩根竹竿接成一根長竹竿，勾到想要的水果。苛勒依據這個實驗，爲頓悟學習做出三點結論（意義詮釋）：

第一、頓悟學習和智力有關。在苛勒的實驗中只有聰明的撒旦有頓悟學習的表現，另有一位學者桑代克（E. L. Thorndike）用貓做實驗，就不能產生頓悟學習。又有一位心理學家託爾曼（Tolman, E. C.）用老鼠做實驗，也有頓悟的表現。

第二、頓悟是對各個不相關的變項做完整（完形）的聯結。包括所有面對的各別

變項，籠子、香蕉、竿子、空間、人和猩猩自己，並洞識各變項間的因果關係，才易產生頓悟學習效果。

第三、頓悟之前有一段「探索期」。看似突然的頓悟行爲，其實與之前的行爲有關，包含思和錯誤嘗試。

啊！猩猩頓悟了

老鼠頓悟了

撒旦也頓悟了

目錄

黃山歸來觀看山之一

黃山歸來觀看山之二

西湖盛景之一

西湖盛景之二

歙縣古城（電影“臥虎藏龍”曾在此拍片）

歙縣古城（電影“臥虎藏龍”曾在此拍片）

第一篇　快樂讀書有方法

有的人讀書讀得非常痛苦，苦到非要跳樓、跳海、上吊、燒炭……亡了，至少不用受讀書的苦難。

有的人讀書讀出無窮樂趣，其樂如賞花、看月、品茗、小酌、遊玩，可獨自一人在房間內環遊世界，上天下地，為所欲為……苦樂都因讀書，貧富亦是。

人窮是因不讀書而窮，因讀書而富。

快樂是因書中有很多「快樂礦」，痛苦是因為踢到「鐵板」。

讀高中時老師常說：讀死書、書讀死、死讀書，乾脆不要讀。

快樂讀書有方法，甚麼方法？

四美圖與四巨頭

嘉明湖與黃埔湖

閒談快樂的讀書方法

做任何事都要依循一定的方法，讀書當然也是。所謂「不依規矩不能成方圓」，想要飛天入地，飛簷走壁，更須依一定方法或程序，投入數十年之工夫。「十年寒窗」或「條條大路通羅馬」，所述也不外是一種「方法」的運用或選擇。這些「方法訓練」，大約到大學或成年以後，日愈顯得重要，因其實用價值大於樂趣。

但是，在還沒有必須依循一定方法或程序前，大約在童年到青少年階段，確是培養讀書樂趣的重要性，大大超過讀書方法。甚至說，在人生早期的讀書階段，所謂的「方法」就是怎樣讓讀書、上學，變成一種快樂的事，有樂趣的活動。所以，本文閒談快樂的讀書方法，指青少年以前讀書樂趣的培養，這就是方法。

怎樣的方法？依個人成長及觀察他人的經驗，就是避免「制壓」和「填鴨」，同時塑造有趣和有利於孩子讀書的客觀環境。以下有三方面的「方法」如果做到，孩子從小幾乎「必然」會喜歡讀書，因爲讀書可以爲孩子帶來樂趣；反之，若都做不到，孩子從小可能視讀書爲苦差事，一件痛苦的事，再往後求學過程中，不論使出甚麼好的讀書方法，可能都無濟於事了。

第一妙方：避免制壓和填鴨

不論大人或小孩，受到「制壓」必定產生不適，連續制壓和加壓，更是造成痛苦，這是學理上公認的事。若是大人更會「反彈」，依牛頓三大定律之一的反作用力原理，有多少壓力會引起多少反作用力但小孩無力反彈（反抗），乃反應在功課上，對讀書產生厭倦、痛苦、逃避等心理。於是愈來愈不想讀書，功課愈來愈差，視讀書求學爲畏途，家長、老師又逼的緊，只好使出另一個方法「填鴨」。

何謂「填鴨」？數年前筆者常到傳統市場買菜，常看到一幕「驚人」的畫面，賣鴨的鴨販公然行之，大多數看的人也不以爲意。鴨販爲了增加鴨子的重量，利用空氣壓塡機，把混水的食料經由塑膠皮管連接鴨嘴，強力灌入鴨子肚裡，每隻鴨子至少增加半斤到一斤的重量。若是「死鴨子」也就罷了，頂多消費者吃虧些。偏偏被灌食的鴨子，每隻都是活生生的，拼著死命想掙脫，被灌食的剎那，那種痛苦的表情和景像，另人終生難忘。

試想，一個孩子初入小學，或在國中這青少年階段，他的好奇心和求知慾正在啓動。家長或老師只因孩子功課趕不上，或種種原因使孩子「不喜歡讀書」。就用制壓或塡鴨法，規定每天讀多少書，要測驗，要考試，長年累月下來，讀書樂趣全沒了，讀書成了「恐怖活動」，以後便所有方法都無效了。

第二妙方：家庭塑造良好讀書環境

社會環境家長無力改變，學校環境也絕大多數使不上力，頂多轉學，其實效果有限，但家庭環境家長則有完全的能力可以改變，有權利（和權力）及能力主導，那爲何不先從家庭環境的改變做起？給孩子有培養讀書樂趣的好環境，好氣氛。

這很難嗎？不難，父母不要整個晚上「掛」在電視機前面，從有電視看到沒電視。孩子也有樣學樣，當然也整晚不是看電視，就是「掛」在電腦上打電動，此種局面必須改變，從家長做起，以身做則，看完新聞就該做些「正事」。小孩看父母做正事，也會跟著做「正事」。

孩子的「正事」就是回到書房，不一定要讀書或做功課，聽（看）故事（書）都可以，或有小孩自己的遊戲，父母勿須過度干預。進入「書房」，自然會產生讀書的欲望，就像進到「電影院」，不看電影，能幹甚麼呢？

當然有些時候或某些個案，需要父母用心引導、誘導、啓發，甚至開始的時候少不了提供「誘因」，或用孩子喜歡的東西「利誘」，使其對閱讀、讀書和書本等產生興趣。久而久之，讀書（廣義的課內和課外各種讀物）成爲一種「習慣」。接著小朋友會喜歡上書店，逛圖書館。

讀書「習慣」是重要的一步，養成讀書習慣表示孩子開始「快樂」讀書，喜歡看書大人可以開始「放手」，不必時時刻刻去釘著小孩。

爲甚麼說養成讀書「習慣」重要？另一個原因是「習慣」影響人一生的成敗，甚至說「成敗只是某些習慣促成」。例如，一個人從小養成很多壞習慣，好吃懶做、孤獨冷漠、自私自利、無禮散漫、不求長進、享受浪費。顯然他離成功是愈來愈遠的，也許更可能悲慘一生。反之，有一個人他養成很多好習慣，勤勞苦幹、合群體恤、有禮有節、積極上進……他就是每日向成功接近一步。所以，成敗也只不過是這「一點點」道理，但能領悟，有此智慧的人，愈來愈少了。

而這些種種好習慣的養成，都源於小時候讀書習慣的養成，且養成過程是快樂的，

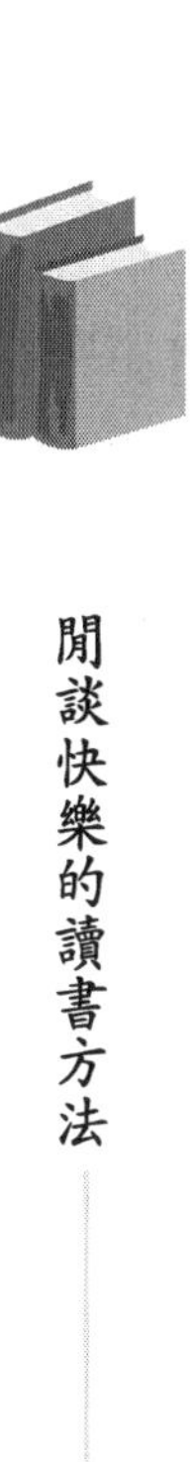

不是受強力壓迫才養成的。快樂之道是聽故事、說故事。

第三妙方：聽故事講故事是養成快樂讀書和寫作能力的妙方

目前國內教育、學術界，正爲學生（小學到大學）作文能力低落，和讀書風氣不斷的普遍下降而大傷腦筋，教育部官員只會說「那一科目列入考試」，以爲只要考試，讀書風氣和作文能力就會提昇。

當官的從未思考「人性」層面的問題或因素，事實上教育家早有共識，孩子在小時候透過聽故事、說故事活動。（通常是父母或老師讀故事給孩子聽，或用其他方式。）藉聲音的抑揚頓挫傳達故事裡的情景，圖畫故事上的表情也能帶領孩子進入想像世界。愛因斯坦也認爲「想像力比知識重要」，說故事和聽故事不僅培養想像力，也引起孩子求知向學的欲望和興趣，爲快樂讀書打下基礎，從此對讀書愈感興趣。

「台灣的活力在民間」果然沒錯，當教育部長杜正勝把時間和金錢拿去硬幹「去中國化」的同時，有識之士爲挽救我們的下一代，一批批的「故事媽媽」在全台各縣市誕生了。從南到北，從東到西，遍布在台灣各小學、文化中心、圖書館…到處可見

故事媽媽的身影。據說這個活動是由「毛毛蟲兒童哲學基金會」，在一九九五年於新莊、樹林地區，培訓第一批故事媽媽，十年來已遍布各地，假如這種活動持續下去，下一代的讀書風氣和作文能力眞是有救了。

我的基本觀點還在強調「快樂」學習，「快樂」讀書，孩子在聽故事、講故事活動過程中，必然是快樂的，國民教育階段「快樂」重於「方法」，甚至快樂就是方法。當然，講故事、聽故事不是培養快樂讀書的唯一方法，必有其他方法，而且不同對象有不同方法，但前提仍是快樂，任何讓孩子產生不快樂（痛苦）的方法，都不是好的方法，可能適得其反。

避免用壓迫、塡鴨等方法，迫使孩子讀書，家庭中要培養快樂讀書的環境和氣氛，這些都是培養快樂讀書的方法。筆者讀書、寫作數十年，我沒有成爲大學者、名作家，也許受限於天份不足或欠栽培（從軍，朋友開玩笑說的），但我始終對讀書和寫作有頗多興趣和樂趣。追其原因，還是在小學讀「放牛班」的原因，放牛班每天不讀書，雖錯失許多知識；但老師每天講西遊記、三國演義、封神榜，引起我對讀書、寫作，求知的樂趣和欲望。

反觀現在的小孩，每天被功課壓的喘不過氣來，不斷的考試、測驗，書讀不好，

考試分數不佳，就要受到各方責備，讀書樂趣全都流失，童年到青少年變得不快樂，到了高中、大學以上，乃至成人到社會工作，要如何快樂讀書呢？許多人出了校門以後再也不讀書，都是小時候不快樂的讀書經驗引起的後遺症，何必再受苦了？

例外妙方：其實不是每個人都要讀書

本文中心主旨強調快樂讀書的方法，其法就是使讀書成爲一種快樂活動，如此孩子便會喜歡讀書。此地又說「不是每個人都要讀書」，豈不矛盾？不也！這實在是另一個讀書境界，「明心見性，見性成佛」，怎麼說？

我們通常把「讀書」二字的定義，看的過於狹隘，不夠寬廣。總以爲要坐在教室中，聽老師講解，手中有幾本固定要用的課本，一定的期限，通過一些考試，最後拿到一張文憑，這才叫讀書。

另按法律或理論上，也認爲人人必須接受國民教育，傳統觀念也認爲「萬般皆下品，唯有讀書高」，於是，國民教育結束，接著高中、大學、碩士…便大家都「被迫」一路讀下去，以爲人人都是大學生才是國家的進步。實際上是大家所看到的，大學生

「品質不良」，而學生本身也失去讀書的樂趣，出了校門再也不想讀書了。凡此，都是我們把讀書二字定義的太狹隘。

其實不是每個人都要讀書，非得要乖乖坐在教室中，手拿課本聽老師講「道」才叫做「讀書」。遠的不說，舉我們社會的例子，許多人不依「學校系統」求學，而用自己的方法讀了更多的書，更有成就，如星雲大師、證嚴法師、企業家王永慶、漫畫家蔡志忠、藝術家朱銘及李敖大師等，他們都不是在學校按部就班的讀書。「心海羅盤」的葉耀星教授高中畢業沒再讀書，他接受訪問時說，「六祖慧能若是讀書識字，大概就不是六祖了。」確實，近年佛光山永芸法師出版一書「你不用讀書了」（智庫文化），得到許多肯定和迴響，其第一篇文章題目和書名相同，如詩一樣的五行短句：

「你不用讀書了！」
這句話似乎誤我一生，
但這句話也讓我「覺悟」；
是的，眞正愛讀書的人，
哪裡不是你的學府呢？

我所舉例不用坐在教室中讀書，而能讀出更大的天空，雖是讀書總人口的少數，但這個少數定然也是大量。讓他們用自己的方法，依循自己的性格（明心見性），讀書才會快樂，才能讀出一片天。

世界病方：台灣讀書教育體系謀殺了人的想像力

前面所舉「不用讀書」，而能讀出更大天空，做出人生「最大的餅」，其實還有很多，如杏林子、司馬中原都是小學沒讀完。要回顧中國歷史就更多了，六祖大師是煮飯的，仰山禪師是放牛的，趙州禪師是掃地的，都不是天天坐在教室聽老師講課、做筆記或補習，他們用自己的方法認識眞理，成爲一代大師。

讓每個孩子「用自己的方法」讀書，原是「正常」教育體系所應承認或遵重的方法，正常教育體系保有這種精神，也原是很「正常」的，放眼有歷史文化或先進國家莫不如此，惟台灣反其道而行，政客高喊「知識就是力量」，誤導學子只花錢買「知識」，教育體系只在賣知識，孩子每日從早到晚也只能讀（補習）知識，想像力和創造力全被「謀殺」了，所謂快樂讀書，實在是緣木求魚。

依據吳祥輝（「拒絕聯考的小子」作者）先生的教育考察報導，芬蘭和我國同樣實施九年一貫國民義務教育，學生只有半天課，下午是自由活動和選修課，學生唸書時間比各國都少，卻創造了「教育奇蹟」，前往取經的先進國家教育考察團絡繹不絕，芬蘭教育的特色是培養孩子的創造力，給他充分的想像自主空間，讀書才成為快樂的活動。芬蘭經驗也告訴大家，孩子不能成天K書、寫功課。

反觀台灣，搞教育的部長只會搞政治，教育部長杜正勝聽命於總統，也許他只想保住烏紗帽，搞「去中國化」，教改能成功也是緣木求魚，台灣的小朋友們要想快樂讀書，永遠是夢想！

最後本文做一個小結，快樂讀書方法在順自然，勿壓迫，勿只做知識塡鴨。說故事、講故事，可以培養想像力和創造力，加上父母老師的引導、啓發和環境配合，可以讓孩子愈來愈喜歡讀書。

我想說，人生早期培養快樂讀書的方法，不外「方法解放、思想解放」，讓每個人都「明心見性」。假如，這早期的讀書經驗是痛苦的，不快樂的，那以後不論用甚麼方法都無濟於事。終究不能好好讀書，因為不能快樂讀書。

該讀那些書？

壹、前　言

「該讀那些書？」自古以來就是我們讀書人（含學者、專家、研究者及教育人員等各類需要經常讀書的人，以下本文所稱「讀書人」概指這些範疇的人）每日在心頭盤算的大事，前台大教授，也是台灣自由主義前輩，殷海光先生（一九一九——一九六九）原則性的用一句話來指導：「該讀的書不可少讀一本，不必讀的書何必去理會？」這項二分法的界定，看似嚴謹，卻很寬鬆，「該不該」還是由自己去界定。

按照我個人讀書與教學心得，本文試圖就「該讀那些書？」與各位讀書人聊聊，提供讀書人可以參考的「讀書方向」。

貳、必修、必選、選修及其他

以目前國內大學的學制，在學術專業項目內的學科被定為「必修」，例如一個醫學系的學生，在他的專業領域內一定有「必修課」，這些醫學課程的書對他而言，沒有所謂「該不該讀」的問題，因爲是必修，不得不讀。其他如政治系、公共行政系等都一樣，有其不得不讀的書。所以當我們問「該讀那些書？」時，在專業領域內因是必修，並不存在「該不該讀」的問題，因爲凡是建立專業所必需，都是要讀的書。

故所謂「該讀那些書？」應該是在專業領域之外的「必選」、「選修」及其他方面，例如一個醫學系的學生除了必修醫學課程的經典書籍要研習外，還有體育、軍訓或人文科學是「必選」，另外加上文學、音樂或藝術列爲「選修」。而所謂「其他」方面，則指教授、師長及學生自己，認爲不論讀那一科系，都要讀的一些重要經典，這些經典書籍是人類文明的精華代表作品，是共有的「通識」。但所謂「選修」及「其他」項，也表示這些書可讀可不讀，隨個人自由抉擇了，讀的人有最大機會獲取更高層次的人文素養，這也是一種「高境界的獲利」。不讀這些書的人，也不表非他沒有

機會進入這種高境界的人生，只是他的機會少了很多。

參、「該讀那些書？」：西方觀點

一個讀書人除自己的專業領域外，還「該讀那些書？」，讀「最偉大的」、「影響大最大的」、「最重要的」或「發行量最多的」？其中有許多不同的認定、解讀和爭議，無需逐一評估（因無客觀統一的標準）。一九二九年有柯萊（Malcolm Cowley）和史密斯（Bernard Smith）兩位作家，以美國社會爲背景合著《改變我們心靈的書》，書中引用的資料是當代影響美國精神最重大的書籍，經最後決選有十二本書（以下作者英文名略）：弗洛依德《夢的解析》、亞當士《亨利亞當士的教育》、杜納《美國歷史上的邊疆》、宋摩納《社會傳統》、魏布蘭《企業論》、杜威《邏輯理論之研究》、包亞士《原始之人心》、貝爾德《美國憲法的經濟性解釋》、李察茲《文學批評原理》、巴林敦《美國思想主流》、列寧《國家與革命》、史賓格勒《西方之沒落》等，這些選擇明顯是「美國人的偏見」，非常欠缺「普遍性價值」。

一九四五年有英國作家奚普（Horace Shipp）著《震撼世界的書》，選定十本書：

《聖經》、《可蘭經》、柏拉圖《理想國》、奧古斯丁《上帝之城》、但丁《神曲》、莎士比亞《戲劇集》、拜揚《天路歷程》、米爾頓《請願》、達爾文《物種原始論》、馬克斯《資本論》，此項選擇也有明顯的「西方優越論」，難道中國的《論語》不如《神曲》乎？

一九五六年有美國唐斯博士（Dr. Robert B. Downs）著《改變歷史的書》（國內五十七年純文學出版社有譯本），選定自文藝復興時期以來，足以「改變歷史」的書，計有十六本：馬基維利《王者論》、潘恩《常識》、史密斯《國富論》、馬爾薩斯《人口論》、梭羅《不服從論》、史杜伊夫人《黑奴籲天錄》、馬克斯《資本論》、馬漢《海權論》、麥金德《地緣政治學》、希特勒《我的奮鬥》、哥白尼《天體運行論》、哈維《血液循環論》、牛頓《數學原理》、達爾文《物種原始論》、弗洛依德《夢之解析》、愛因斯坦《相對論》。這十六本選擇當然也是「西方優越」的結果，當年彭歌翻譯「改變歷史的書」時，就在序（前記）中說，在我們東方人的眼中看來，它大有助於我們了解近代西方文明的發展與變化，但爲什麼東方文明被忽「略掉」了？

肆、「該讀那些書？」：東方觀點和我的觀點

五千年中國文明，地大物博，人口佔全世界五分之一，自有無數的文明寶典，本來就不該被忽略，站在一個東方人（特別是中國人）的觀點，不論你是那一科系的讀書人，從事那種事業，該讀的書不能缺少我們歷代的一些經典作品。國內對我國歷代經典整理出版，較完整的是時報文化出版公司的《中國歷代經典寶庫》，有五十九種六十五本。這當中我再選出「最該讀的十七本書」（朝代、作者略）：《論語》、《孟子》、《老子》、《莊子》、《韓非子》、《孫子兵法》、《詩經》、《楚辭》、《史記》、《資治通鑑》、《六祖壇經》、《唐代詩選》、《紅樓夢》、《三國演義》、《西遊記》、《貞觀政要》、《台灣通史》。當然，論影響力、影響範圍或發行量，《三民主義》和《毛語錄》都該列入，它們的發行量應不低於馬克斯的《資本論》，且鐵定高於希特勒的《我的奮鬥》。

綜合前美國、西方、東方和中國觀點，考量「重要性、影響範圍、價值、代表性」等諸因素，並打破時空界限，提出我的觀點，古往今來，中外最「該讀的書」決選十六本（朝代、作者略）：《王者論》、《國富論》、《人口論》、《黑奴籲天錄》、《地緣政治學》、《天體運行論》、《數學原理》、《物理原始論》、《相對論》、《聖經》、《論語》、《孫子兵法》、《楚辭》、《史記》、《六祖壇經》、《西遊記》。

再次強調，「我的觀點」也不是完全的客觀，普遍性也是不足的，若叫一個日本人或印度人來決選，相信又不一樣了。

《改變歷史的書》原著者唐斯博士一再強調：「書，是一種極有力量的工具和武器，其動力有時強大到足以影響歷史發展的方向。」故須倡導讀書風氣，讀「該讀的書」。據各方面的訊息，目前新一代這些大學生，乃至教學研究者，讀書風氣正在衰退中，這其實也是整體國力的衰退，深植我們讀書人反省改進。

伍、「該讀那些書？」：流行觀點

國科會於二〇〇六年三月間，發表台灣地區高等教育資料，一項最新調查顯示，逾半大學生每天讀書不到一小時，上網逾二小時，近二成大學生每天聊天玩樂逾四小

時。顯見大學生素質日愈低落，原因雖然很多，但不讀書則是重要而直接原因。許多學校也在為學生如何愛讀書和提昇中文寫作能力而傷腦筋。以中原大學為例，為提昇學生中文讀寫的興趣和能力，他們的經營團隊選出「十大經典導讀手冊」，規定大一新生每一學年度必須讀一到二本，大四畢業前要讀完十本，每讀完一本必須繳交「六百字手寫」心得報告。

強調必須「手寫」是因為現在的大學生「愈來愈不會寫字了」，不可思議吧！新規定的「十大經典」是：羅貫中「三國演義」、曹雪芹「紅樓夢」、張潮「幽夢影」、張愛玲短篇小說集、白先勇「台北人」、金庸「天龍八部」、鄭愁予詩集、余秋雨「文化苦旅」、李家同「讓高牆倒下吧」、龍應台「百年思索」。

李家同教授認為，能永垂不朽的書，就是可以推荐給學生讀的好書，如大家耳熟能詳的「台北人」、「兒子的大玩偶」、「老人與海」、「雙城記」、「悲慘世界」、「山居筆記」、「水滸傳」等。

得過諾貝爾獎的物理學家，李政道談自己的讀書經驗時，說到「不限於科技書，文藝、科幻都有好處。」曾有人請他介紹自己看過的書，好推荐給學生讀，李卻答說「物理學方面的書看得很少，雜七雜八的書看得多一些。」

以上列出很多「該讀的書」，其實各家觀點不同，我以爲有興趣，讀得有心得就好，就是不能不讀。

陸、該讀「多少」書？

「該讀那些書」？也有「數量」上的意義，我們常勉勵人要「學富五車」，或要「讀萬卷書」，這是否表示讀書人一定要讀很多書——五車，至於萬卷呢？非也！教育和文化上的目標，只在發展知識上的判斷力，而能鑑別善惡。如果眞有人讀了萬卷書，本文前面那些「該讀的書」都讀了，而他只記得許許多多的「人事時地物」的事實，卻仍沒有培養出獨立思考及判斷能力，他並非是一個卓越的讀書人。

我國的思想家中一般是持這樣的看法，例如林語堂先生，就不認爲「學富五車」是重點，善於辨別是非及獨立思考的判斷力才是讀書人要培養的氣質。一個人要能獨立思考判斷，不爲一切社會的、政治的、名利的、宗教的，乃至文學的、藝術的、學院的，甚至愛國的或流行的誘惑，亦不爲其所威脅和迷眩，對便是對，錯便是錯，不必懾於他鼎鼎大名，或衆人流行而有所畏懼。

孔子大概也持類似態度，所以他說：「學而不思則罔，思而不學則殆」。言下之意，讀了很多該讀的書，記著許多事件經過，只能說「記憶力往好」，但欠缺思考判斷力則是「智慧上的問題」。這是讀書人極須克服、突破及頓悟的問題，而不是去計較讀過幾本書，哲人或思想家的警告是很有啓示及實用價値的，我們後學者應「騎在他們頭上」再出發，書才能讀得更廣深廣。

柒、結　語

不管西方觀點也好！東方觀點也罷！讀書人總該讀書，「條條大道通羅馬」，東方與西方只是「途徑」上的不同，前提是要自動自發、隨時隨地都能讀書，使讀書成爲一種「生活習慣」，則「該讀的書」都能好好讀，且能讀出專屬於自己的味道（思考力、判斷力）。曾國藩在家書中勉人說：「苟能發憤自立，則家塾可讀書；即曠野之地，熱鬧之場，亦可讀書，負薪牧豕皆可讀書。苟不能發憤自立，則家塾不宜讀書；即清淨之鄉，神仙之境皆不能讀書。」讀書人人若找任何藉口不能努力讀書，正是「春天不是讀書天，夏日炎炎正好眠，秋去冬來眞快速，一年容易又春天。」

果如此，則世間才眞的是沒有一本「該讀的書」呢！

（本文作者爲新竹教學輔導處面授教師）

閒談讀書的藝術

壹、前　言

我在〈該讀那些書？〉（空專學訊前期）一文中，基本上所持的是一種科學的觀點，但讀書並非全然是一個科學觀點，更多的是藝術成分在內，無論中外，凡能稱「讀書人」者，通常都有獨到的讀書藝術，不會只是爲求知識或拿學位的單純目的，而限定自己「該讀那些書」！特別是中國眞正傳統的讀書人，視讀書爲人生至高之藝術，並表達在生活中「春雨宜讀書、夏雨宜奕棋」，成爲一種生活樂趣。

讀書的藝術在那裡？並非每個「讀書的人」都能領略，有更多的人把讀書當成一件苦差事，那是尙未找到樂趣的原因，有了樂趣，讀書就快接近藝術了。以下要和喜歡讀書的朋友，或很想讀書又怕讀書的人，閒聊讀書的藝術，希望讀者諸君能從其中發現樂趣入門。

貳、讀書之藝術來自歲月洗鍊所得

你可以說「讀書藝術淺深與個人歲月閱歷成正比」。大凡年歲愈長，讀書愈多，閱歷愈豐，就愈能領略到讀書藝術的妙境。如古人說「少年讀書，如隙中窺月」，罅縫中如何窺月呢？很累、很苦又很被動的，這就是少年讀書的滋味，簡直是一件苦差事，絲毫沒有一點藝術的味道；古人又說「中年讀書，如庭中望月」，在「庭中」就開擴多了，視野寬廣又易於採取主動態勢，只是庭中的位階不夠高，看久了頸子也累；古人最後說「老年讀書，如台上玩月」，這下好了，你和明月可以「平起平坐」，尤其是那「玩」月的態度，月都可以拿來「玩」，人生還有什麼可以計較的？還有什麼不能「玩」的？讀書能達到「玩月」層次，人生的枷鎖、身上的框框架架，還有意識型態等，已都不存在了，你眞的「解放」，「諸法皆空」了。

當然，把人生對讀書藝術的領略，分成「少年、中年、老年」也太簡略了，以我自己爲例，高中讀《論語》時有如做苦役般，苦啊！只恨那孔老夫子幹嘛「話多」才會留下一部《論語》，讓後人讀得死去活來，到了大學讀《論語》也是一知半解，頂

多了解一些白話譯文，還談不上有什麼藝術滋味。大概三十多歲時再讀《論語》，我開始有「感覺」了。到不惑之年再讀《論語》就有「玩味」了，但每個人的不惑之年差距很大，有三十多、四十多到五十才不惑，有的人到老年仍活在種種「困惑」之中，這就很讓人「疑惑」了。

我自己是到了四十好幾才對《論語》玩出味道，才深深領悟他老人家所說的「學而不思則罔，思而不學則殆」、「從心所欲不踰矩」這些話的意境。原來孔子也重視思考力、判斷力的培養，而不是只教人「死讀書」；而且孔子也認爲人應回到自然的本性，解除人心的枷鎖和身上的框架，追求最大的自由。所以《中庸》說「盡己之性，盡人之性，盡物之性。」這和「自然就是美」是一樣的道理，有了「美感」就有藝術意境了。但是種種自由是不能「踰矩」的，自由與秩序總要找到平衡點，自古以來想要找到這個平衡點都是不容易的。惟讀書得夠多，加上豐富的人生閱歷，心中自有平衡點。

據我觀察，多數人在三十歲以前的讀書，都當成是一種工作、任務，爲考試或前途不得已的「苦讀」，所謂「讀書之藝術」簡直「隔行如隔山」。但讀書的藝術確實得從少年時代開始入門——習慣的養成，要養成讀書的習慣，時間久了，年歲漸增，從習慣中自然產生樂趣，有了樂趣便滋生藝術之品味。

少年時代的讀書雖大多視爲苦差事，但有少數人眞的是「天生讀書料」，如孔子自己就說「十五志於學」，表示他十五歲就立志好好讀書。按照孔子自己的成長經歷判斷，我相信孔老領略讀書之藝術應在四十歲左右，因爲此時他才說「不惑」。大凡一個人到說自己「不惑」，就是已經對人生的意義、世間之道理及宇宙之奧妙，都有了相當程度的通達。到了這個境界，他生活或讀書無非皆是藝術了。換言之，以孔子的偉大和智慧，領略讀書之藝術尚且要磨到四十歲，何況我等凡夫！

在台灣現況有一個讀書人，我頗爲欣賞，可以做我們在讀書方法上的「參考模式」。他就是自詡「是頑童、是善霸、是文化基度山、是社會羅賓漢、是俠骨柔情的大作家兼大坐牢家。」的李敖先生。據《李敖畫像》說，一九四九年四月十二日，李敖隨家人到了台灣，隨身帶了五百多本藏書，此時年紀不過十四歲。我們要思考的是三十八年那個大動亂年代，許多人連命都「帶不出來」，而李敖以一個十四歲的小孩，卻能從大陸帶出五百多本藏書，可見他從少年時代就「視書如命」。這和孔老「十五志於學」同樣可貴，只是我並不知道李敖那一年不惑！但我知道李敖書讀得很好，很多人都說他書眞的讀通了，深信他是能領受讀書藝術的人。

參、讀什麼？文字與天機的領悟

讀書是在讀「什麼？」簡單的說讀的是「文字」。狹義的解釋，所有能稱爲「書」的東西，不管用紙印刷或存放在電腦中，當我們要「讀」的時候，必定是在讀一些文字。所以，書是由文字表達及組成的。不論中國或西方的作品，我們在讀的時候，首先感受到的是文字組成一篇佳構的藝術境界，由此也看出著作者的功力，讀書人與著作者的心靈神交能達到何種境界，也要看讀書者自己功力深厚的程度，我用老子《道德經》中的兩段文字，說明中西文字使用的藝術，第一段曰：

夫唯病病，是以不病；
聖人不病，以其病病，是以不病。

英國漢學家 James Legge 將第一個病譯形容詞片語 sick of（有憂慮之意），把後一病字譯爲名詞片語 Your sickness（有過錯），整個英譯如下：

Only when you are sick of your sickness will you cease to be sick. The sage is never sick, because he is sick of his sickness. The is why he is not sick.

前面的中西譯文，中文就很簡潔、優雅而有美感。讀者能讀懂這句中文，並領悟其境界，眞是「美不勝收」。另有一段《道德經》曰：

其政悶悶，其民淳淳。

其政察察，其民缺缺。

吳經熊博士的英譯如後：

If a ruler is mum, mum;
The people are simple, simple;
If a ruler is sharp, sharp;
The people are wily, wily.

這段英譯貴在傳神，可謂音義均合，眞是美極了。（引文可見楊耐冬教授著《翻

譯理論與實務》一書）但讀書藝術之領悟，通常不止於文字，趙苕狂在寫《浮生六記考》時說，眞正美妙的文字，常是「七分天機，三分人工」。我們讀書時如何能讀出「天機」？天機乃在文字之外，悟力不足的人（和讀書方法、功力、年歲也有關）是讀不出天機的。《菜根譚》言，「善讀書者，不落筌蹄」，就是要叫讀書人跳出文字結構的框架，達到心靈自由才能體察事務（物）眞相。問題是要成爲一個「善讀書者」，要經過多少歲月閱歷，再加上個人努力與智慧！

另一個極端是完全推翻文字的功能，認爲人對宇宙間日月星辰及一切現象的觀察和領悟，都是一種「讀書」，這是最廣義的讀書定義。不必經由文字，人同樣可以得到智慧（知識、判斷力、道），透過文字去看世界便已落到形而下，常拘泥於外物的型態，使視野不夠寬廣。中國禪宗第六代祖師惠能，是這個不經文字途徑而得到智慧的代表性人物，惠能就是一個「不識字」大師，我們從《六祖壇經》可見到這種「讀書不落文字」的智慧：

師自黃梅得法，回至韶州曹侯材，人無知者。有儒士劉志略，禮遇甚厚。志略有姑爲尼，名無盡藏，常誦大涅槃經。師暫聽，即知妙義，遂爲解說。尼乃執卷問字。

師曰，字即不識，義即請問。尼曰，字尚不識，曷能會義。師曰，諸佛妙理，非關文字。（參請機緣第六）

自性自悟，頓悟頓修，亦無漸次，所以不立一切法。諸法寂滅，有何次第。（南頓北漸第七）

此種讀書「不落文字」的方法雖在惠能身上看到最高的藝術境界，但我們細心觀察社會衆生，還是有很多像惠能這樣的人。他們並未在「學校管道」中讀書，但用自己的方法門道，也一樣成爲大師級人物。

關於文字的問題，我國在魏晉時代已有「名言能不能盡意」的爭辯，西方亦有「概念與界定」的問題。我國向來有三派觀點，一派是名言能完全盡意（歐陽堅），另一派是完全不能盡意（荀粲），第三派是完全盡意很難，完全不能盡意也難（王弼）。不管難不難，讓哲學家去頭痛吧！但我們要成爲善讀書者，總要「能識無字之書，方可驚人妙句；能會難通之解，方可參最上禪機。」

肆、讀那些「書」？怎樣讀書？

有一個很狹義的看法，認為「書」是用紙印刷，有五十頁以上才是；並且人的手上要有一本書，或有老師講解、規定進度、寫筆記等活動的進行，才能叫做「讀書」，若一個人是這樣的讀書，眞是讀不出什麼名堂來。林語堂先生算是「善讀書者」，他在《生活的藝術》一書提到，「對淵博友，如讀異書；對風雅友，如讀名人詩文；對謹飭友，如讀聖賢經書；對滑稽友，如閱傳奇小說。」衆生云云，人人都是一本活書，所以我們常說社會大學是永遠沒有畢業的，要「解讀」一個人也是很困難的。

林語堂是一個很有藝術修為的讀書人，他的「書」沒有固定的定義，「山水亦書也，棋酒亦書也，花月亦書也。善遊山水者，無之而非山水，史書亦山水，詩酒亦山水，花月亦山水。」眞是人生通達已到化境，文章是案頭的山水，山水亦是地上的文章。讀書到了這種境界，已算是個「讀書藝術家」了！

有些讀書人有特別的雅興，例如「讀易松間，談經竹下」，或「讀經宜冬，其神專也；讀史宜夏，其時久也；讀諸子宜秋，其致別也；讀諸集宜春，其機暢也。」凡此，固然樂趣多多，意境風雅，畢竟是古代的讀書人才有的福緣，用之現代社會的讀書人，恐怕極少人有此福分。去那裡找奇松可以讀易，何處有竹可以談經！而且台灣地區四季不明，在每個季節裡讀什麼書，其實差別不大（沒有什麼不同的感覺）。再者，松下是要讀易或談經，也沒有效果上的差異。重要的是「讀書」就好。

所以，我認爲善讀書者，讀書成爲一種生活的藝術，一種隨興、習慣與品味，不論在那裡生活、在房間、辦公室、旅行途中、飛機上等等，都能興之所至及意之所在，隨手拿來一本書，便能走進書中的世界……。

還有，在社會大學裡，並沒有一本固定形式的書。凡衆生諸相、黑白善惡、政壇惡聞，乃至鄰居的惡形惡狀、親友的黑白事等，都是一本「學問很大的書」，相信也是一輩子讀不完的書。不管那種類型的讀書，「讀幾本書」並不重要，重要的是讀懂了沒有？領悟到什麼道理沒有？啓發你的思考力沒有？

伍、結　語

讀書是一件好事，正是所謂「開卷有益」。但是，爲什麼有些書被列爲「黃色」、

「紅色」、「灰色」或「黑色」，而勸人不要讀，甚至有所謂「禁書」，不准一般人閱讀。其實問題都出在，有一顆善良的心，讀任何書都會從正常的角度去得到善知識，做有益的運用，這才叫做「善讀書者」。反之，縱使讀「四書五經」，也一樣可以拿來做壞的運用。所以《菜根譚》有句話，「心地乾淨，方可讀書學古。不然，見一善行，竊以濟私，聞一善言，假以覆短，是又藉寇兵，而齎盜糧矣。」眞是惡人讀書，適以濟惡，一個人若有心爲心，讀《聖經》、《論語》也一樣禍害天下。

只要你懂得讀書的藝術（藝術求眞善美），就能改變整個結局，縱使讀盡天下「禁書、惡書」，也同樣可以由你的善心轉化成一種善知識，用於福國利民，救濟蒼生。

寫作表達的一些觀點

壹、前　言

我在「空專學訊」前幾期分別談過「該讀那些書？」和「閒談讀書的藝術」二文，已發表的作品我通常會給學生當課外讀物，學生看了也會在課堂上提出心得討論，這是一種很好的師生溝通橋樑。我把「問題丟出去」後，碰到更多的問題，有不少人常說「我讀了好多東西，但就是寫不出來，縱使寫出來，自己怎麼看都不滿意，這是怎麼一回事？」有東西寫不出來，或根本不會寫，寫作能力低落確實是現代學生的困境。因此，我想借用「空專學訊」這塊美麗的園地，談談寫作表達的一些觀點（原理、原則或方法等）。

所謂「寫作」，應指把心中所構想的作品，用一定的形式寫（表達）出來，筆（電腦）之於書，使之成文。是故，常見的形式（規格）有論文、散文、小說、詩歌、戲

劇，乃至序、跋、頌、誄、對聯，甚或簡報、公文、報告、研究計畫等，其他還有舉之不盡的各式各樣類似作品，都是廣義「寫作」的範疇。但是就一般學生、學者、老師的寫作重點，不外論文（讀書心得報告、期中或期末報告、碩、博士論文，或期刊類用論文等）。最簡化的區分，常把論文分成「規範性論文」和「經驗性論文」兩類。（這兩類論文的寫法將陸續在本刊深談）

就算是寫一題才三〇〇字的「申論題」，仍須依照寫作表達的一些基本規範，才能寫得好，才能取得高評價（高成績）。

貳、寫作的科學思維邏輯：主題—前言—本文—結論

寫作的文體不論是那一類形式，這個基本結構都是不變的，可算是寫作的科學思維邏輯，惟程序上會依需要加以調整，甚至程序顛倒，例如有些小說寫作者爲了製造特殊效果，首先就讓結論（結局）上場，再逐次論及其他。但是，在論文寫作方面，這個思維邏輯與程序大體上是不變的，是一種必須遵守的規範。

一、主題（題目）的選定與界定

任何寫作的第一步，是選定一個題目——你要寫什麼？並且要有明確的界定，並非有興趣或「只要我喜歡」就可以。這第一步工夫若做不好或準備不夠，後面發展出來的內容可能陷於「不知所云」，或爭議太多而降低論文的品質，在宋楚瑜所著《如何寫學術論文》乙書，認爲選擇題目有九個基本原則：志趣、準備充實、切實（題目不空泛）、新穎致用、避免爭論性太大的題目、避免高度技術、避免直接概括的傳記、避免僅作摘要、範圍不宜太大。其他我以爲合於自身能力、專業、有足夠資料也很重要，除追求知識外要能經世致用，當代「顯」學較有實用價值。當然，若只在複述或摘述別人的觀，就不是好的題目。

題目選定雖有基本原則，仍有很大的變通空間。例如「解開兩岸十大弔詭」這個題目（筆者著，黎明出版，九十年十一月），不僅爭議性很大，範圍也太大，但因有經世致用的價值，是當代「顯」學，所以是一個值得寫的題目，有了好題目，接下來要能明確的界定它。

所謂「界定」，就是賦予一個界說（A Definition），學術界曾提出過十餘種界說

方法，但最常用者只有三種，一是「眞實界說」（Real definition）針對事物本質來陳述「是」什麼?乃是根據一個名詞去尋找它的本質，這種方法的缺點是本質常有曖昧，其次是「名義界說」（或叫名相界說，Nominal Definition），是第一種程序的顚倒，根據經驗世界的觀察與抽象去設定一個名詞，這個方法的缺點是各人觀點不同，心中產生的概念就不同，第三種是「運作界說」（Operational Definition），是藉某種「動作」所界定的意義，例如界定「權力」這個概念，設有ＡＢＣ三種動作發生就是權力，便僅針對ＡＢＣ加以觀察。

要把一個題目界定得很清楚，通常不是單一方法切入就行，而是以上三種方法配合運用，才能使題目範圍（時間、空間、過程）明確，使陳述有可觀察性和可測驗性。合乎標準的陳述，須有兩個以上的相關變項，進而探求變項間的關係，就是對任何問題最佳的界定。

二、分析架構：「前言—本文—結論」的章節安排

所謂「分析架構」（Aanlytical Framework），指的就是論文章節的安排，一篇論文不管長短，在結構上都是「前言—本文—結論」的安排，而且是從主題的選定與界

定發展出來，前後因果關係環環相扣，此種結構稱「三段論法」（或三部式）。

首先是「前言」（Foreword），在較短的單篇論文（Paper）可以叫「前言」，但在較長專題論文中（Monograph）和學位論文（Thesis）中，則稱緒論或導論（Introduction）。這部分通常包含寫作該論文的動機、目的、方法、重要概念界定及全文架構等，更長的論文再加上參考文獻簡介和評估，有些論文視表現需要也在緒論中提出一個理論、命題或假設，以期在後續的本文進行驗證。較短論文的「前言」不分章節，但通常分「項」述之；較長論文的「緒論」視狀況分章節；最長論文的「導論」則可能要分篇章。

第二部分是「本文」，就是論文的主體。單篇論文約略自數千字到萬字不算，並分四到七項較適當。學位論文則通常要分章節，以三到六章爲宜，再長就視情況分篇章，字數並無一定限度，因爲文法、理工、農經等均各有不同表達方式。在本文的分析架構須注意下列要點：其一、不論分篇章、章節或分項，每一相對的部分節數（章數、項數），在分量（字數）不要相差太懸殊；其二、每一章節均各自成爲完整的一部分，每部分均應環環相扣，最後扣緊主題；其三、若在緒論中有提出假設，須在本文章節中逐一驗證。其四、環視全文，從前言—本文—結論的因果關係，變項間關係

的解釋，均須合於邏輯關係，不應有相互矛盾，前後論述不一的現象。

第三部分是結論，較短的單篇論文用結語或「代結論」。結論的內容是指出整篇論文的重點和發現，或陳述論文在該學術領域的地位，所扮演的角色，或前瞻未來發展的方向與可能性。如此，論文當有「承先啓後」的功能（價值），正是所謂「文章千古事」。

前面所述的「三部式」也並非是「鐵律」，在期刊論文中也常見「兩部式」論文，結構上雖分若干項（節），但整篇論文不外兩個段落。第一部分說明主題、目的、方法、範圍，或加上概念界定、研究經過的敘述等；第二部分提出研究成果和貢獻，勿論三部或兩部式，嚴謹、合理並合乎規範，只是提高論文品質與價值的基本條件。

參、寫作的藝術思想發揮：性靈、文體、創意和美感

「寫作」不論寫什麼？論文、小說或現代詩，其實少不了「結構性問題」的建築作業，這部分像是人體的骨架血肉等「硬體設備」。另一部分是寫作的藝術思想發揮，至少應包含性靈、文體、創意和美感，這部分像是人的思想心靈等「軟體內涵」。形

式與內涵孰重？自古以來就是中外寫作者論戰的問題。林語堂先生就認爲寫作的藝術，遠重於寫作的技巧，凡想成爲作家的初學者，都應該把那些寫作的技巧（形式、規格）完全撇開，暫時不必顧及這些小節，專在心靈上用功夫，才能打好寫作的基礎。（參讀林語堂著《生活的藝術》）

解讀林語堂先生對形式與結構的意見，是「暫時不必顧及這些小節」，但最後仍要推翻所有形式的框框架架，才能寫出上乘之作，「寫作技巧之於文學，正如教條之於教派。」想要創造出一流作品，寫作要能寫出性靈、文體、創意（創見）和美感。

首先談寫作如何才能寫出「性靈」？「性」是個人的性情，「靈」即個人的心靈。中國正統派作家的寫作態度向來是表現古聖先賢的性情和心靈，被稱爲是沒有性靈的。但另有一部分作品就在表現作者自己的性情和心靈，如李白的浪漫及魏晉南北朝的自然主義。而把一己性靈發揮到「完美」境界者，是明代的「性靈學派」。

「性靈學派」或稱「公安學派」（袁氏三兄弟：袁宗道、袁宏道、袁中道，是湖北公安縣人，世稱公安派）。而三袁的性靈則師承同時代的李贄（字卓吾，明世宗六年至明萬曆三十年；一五二七至一六〇二年）。李氏認爲一個人寫作動機是迫於內心的衝動，有話要說，「詩何必古選，文何必先秦」，寫作貴在眞實，要寫出衷心眞正

的感受。這種主張給三袁解除了很大的束縛，「獨抒性靈，不拘格套，非從自己胸臆流出不肯下筆。有時情與境會，頃刻千言，如水東注，令人奪魂。」而使性靈學派寫出一片天，使浪漫主義再興起。

所以，寫作要寫出你自己的思想、感覺、品味，寫出你的性情和心靈，就是「性靈」佳作。

接下來是「文體」，例如「楚辭」是一種文體，「漢賦」也是一種文體。林語堂先生認爲文體是「文字、思想和個性的混合物」，所以文體如人的個性，有一部分是天生的，還有一部分是從環境學習或感染而來的。但是，對初學寫作的人，文體很難表現出來，這時要找一個「文體愛人」（自己喜歡的作家）當學習的範本，慢慢培植出自己文體的「模型」，再假以時日多下功夫，便能創造出自己的文體，這是從摹倣到創造的過程。

「家常文體」是許多作家的最愛，以眞誠的態度說話，心中有話就寫出來。凡在寫作中不敢用「我」字的人，絕不能成爲一個好作家。因爲「我」就是世上獨一無二的「體」，能成爲「我的文體」一定是好作品。

還有「創意」（或創見），寫作若沒有寫出創見就不算「創作」，這是很重要的觀念。創意或創作都是可以培養的，其一、創作是一種表現，不論是具體的作品、抽象的觀念或思維理則，都可以是一種創作的表現；其二、表現要有新穎獨特的內涵，並有敏感、流暢和變通的特質；其三、創見來自思考能力、判斷力和探索的過程；其四、個人生活避免於「定型化」、「成規化」。

最末是「美感」。本文並非「美學」研究，無需深論「何謂美？」的問題。前面提到的自然與浪漫主義，或性靈學派，都是對「美感」的追求。世上無處不美。大地山河雄奇之美；風雲變色飄動之美；枯藤老樹「蒼勁老練」之美；人生無常的哲學之美，端看寫作的人如何表達出來！最美的表達是如蘇東坡說的「行雲流水」。

寫作不論寫什麼？謹守「前言—本文—結論」絕對不夠，能寫出性靈、文體、創意和美感，才會是有骨架血肉、有思想、有靈性的作品。

肆、顛覆藝術與科學的寫作觀

「藝術、科學」思緒雖然重要，亦不能概括世上各種寫作觀，有顛覆藝術與科學之大旗者。英國作家毛姆（Wiliam Somerset Maugham，一八七四——一九六五）是這

類寫作觀的代表性人物，他認爲「可以攫取金錢」的作品就是好東西，我套用現代術語說，「只有高市場佔有率、高利潤」的作才值得寫出來，別管藝術不藝術或科學不科學的問題。或許，我們稱這種寫作觀爲「實用主義」。

毛姆從來不說爲藝術貢獻這類的話，他只提供人們有趣的作品，換取金錢讓自己能過舒適快樂的生活（讀者可參閱陳蒼多譯，《毛姆寫作回憶錄》，新潮文庫，六四年版）。他揭起通俗派的招牌，向那些「藝術派」作家挑戰，包括巴爾扎克、杜思妥也夫斯基、狄更斯等名家，都在他批評之列，他的一生創作超越「高價值」產品，例如《餅與酒》、《人性的枷鎖》等。八十七歲時，與歷史家湯恩比（Arnold Joseph Toynbee）和福斯特（Edward Morgan Forster）同時頒授「文學勳位」。

毛姆雖然主張「以市場爲導向」的寫作觀，但他也提出「簡單、清晰、諧和」三大標準爲寫作指引。基本上，這也是合乎科學原則的，所有科學都是企圖從很雜亂的現象與過程中，用最簡單、清晰的理則表達出來（例如：E=MC2）。而「諧和」就是一種美感，毛姆最大的特點是毫無掩飾，把心中想說的話，用通俗的筆調，率直而銳利的表達出來，此與「性靈學派」有同工之妙。

通俗寫作在我國也是大放異彩，如明代四大說部《三國演義》、《水滸傳》、《西遊記》與《金瓶梅》，如《紅樓夢》、《老殘遊記》等。若沒有這些作品，文明古國的「文學帝國大廈」是撐不起來的。

伍、寫作要嚴防的大病：無病呻吟——不真不實不誠

早年我在讀高中時，國文老師曾在我的作文簿上批過「無病呻吟」四個大紅字，當時大惑不解。我經過好多年的思索反省，才慢慢知道一些道理。

「無病呻吟」，首先要知「病」一字，原來是沒「病」的，要裝成「有病」，顯然病是假的；不僅假裝，而且要「呻吟」出來，那呻吟也是假的，從頭到尾都用一個「假」來掩飾另一個「假」，又怕「西洋鏡」被拆穿，要進行更多的偽裝。寫作若只在無病呻吟，必將產生一組「無病呻吟症候群」。

第一、不斷用謊言圓謊言，乃不眞不實不誠也，此人通常「居心不良」。所謂「寫作」不過欺人騙己，寫出來的東西大多不能看，「不誠無物」也。所以，胡適和陳獨秀他們在一九一六年時，提出文學革命八條件，就主張不作無病之呻念（其他七條件是：言之有物、不摹仿古人、重文法、去爛調套語、不用典、不講對仗、不避俗語等，

也大多與無病呻吟有關）。寫作若能去無病呻吟之病，將更能寫出內心的性靈世界，寫出客觀世界的本質與現象。

第二、虛僞的文學、虛僞的社會、禍國害民。林語堂先生爲改進當代文壇「無病呻吟」之風導致的禍害，提出作文八弊。其一、方巾作祟，豬肉薰人：政治的虛僞源自文學的虛僞，故有虛僞的文學必有虛僞的社會。「假道學」成爲社會主流價值，魑魅魍魎必橫行於世。其二、隨行隨失，狗逐尾巴：把文學當宣傳，又把宣傳當文學。寫作不能「嫁雞隨雞、嫁狗隨狗」，要有「獨立」的文體。其三、賣洋鐵罐，西崽口吻：此行文字用過於洋化、歐化，喪失自我。其四、文化膏藥，袍芴文章：寫作不要口出「救國」，閉口「救民」，盡說些官話大話。其五、寬己責人，言過其行：拿文章當武器，你罵我，我罵你，散佈謠言，到處傷人。其六、爛調連篇，辭浮於理：這更是許多文人寫作的通病。其七、桃李門牆，丫頭醋勁：文人分門別戶如政客結黨營私，沒有是非，黨同伐異。其八、破落富戶，數僞家珍：對外一篇「救國救民」，又一篇「復興文化」，私底下「吃香喝辣養女人」。

作文八弊，林語堂開了八帖藥方，近情治假道學，力學治投機，反思治洋化，力行治空話，恕道治互攻，清新治爛調，自我救門戶之爭，多識救狂論。

第三、不能實證，欠缺效度（Validity）。無病呻吟既然是一種虛假，寫出一篇論文就不能實證。當我們要評鑑一個作品（如研究論文）時，研究效度（Validity of Research）是重要標準，評估作者所論接近眞實的程度，或看結論正確性的程度，但是，不存在的「虛假」如何實證？又如何評估「效度」？

無病呻吟者「不眞」，居心不良亦「不善」，一件不眞不善的作品當然也「不美」。寫作要達到「眞善美」無病呻吟能不革除乎！去除此病才能看清原始本心和客觀世界的現象與本質，所謂「天人合一」也。故《文心雕龍》說，「文變染乎世情，興廢繫乎時序，原始以要終，雖百世可知也。」如何寫出好作品的道理，似乎是百世不易。

陸、結　語

綜合各家之說，寫作表達要有某種形式「骨架」以利支撐，也要有思想、文體及性靈等方面內涵。性靈學派對一己心意的表達當然是正確的，但不能只顧「自我」不管「外物」，否則可能過於離經，畢竟我們的內心世界和外物是互動的。劉勰的《文

心雕龍》是我國古代的「寫作表達方法論」，惟一言以敝之，作家要在內外兩個世界中取得平衡點。再者，文筆流暢通俗易懂簡單，至少也多一些讀者。除形式與內涵外，嚴防寫作表達之「無病呻吟」。革除「作文八弊」，也經常反省「文學革命八條件」，你寫「東西」定愈來愈得心順手。

據筆者經驗研究，若能對本文〈寫作表達的一些觀點〉深刻了解研習，不論寫那類作品（論文、科幻、武俠、言情……），定會有很大幫助和突破。就像現在讀者在看我這篇文章或這期空專學訊其他作品，是不是合於我提出的那些理則呢？這些都不是「經典」的作品，但能取悅編輯小姐的美目，欣賞讀者諸君之耳目，不就是一篇好文章嗎？

（作者爲台北第二教學輔導處面授老師）

第二篇　研究研究講方法

我在空大教「社會科學研究方法概論」時，
最常碰到學生問的問題是：
研究有方法嗎？那些方法要遵循嗎？
為甚麼有人不依方法（推翻）可以學的更多？
「假設」，是「真的」，還是「假的」？
如果是「真」的，為甚麼還要「假」設？

向文壇朋友介紹「中國春秋」雜誌，二〇〇六年四月十六日

一群詩壇朋友，二〇〇六年四月十六日於台北

好友相聚，欣賞書法

觀書法家張夢雨教授揮毫神性

假設，是「真」的還是「假」的？

一、前　言

我們從讀中學時代就開始「假設」了，「設函數……，則函數值……」、「設n爲自然數……，求證……」、「若……則……」，數學、幾何好像永遠都在假設，那時候也沒人去弄清楚「到底什麼是假設？」其意義何在？老師也從未說過，那應該是個「不知而行」的年代吧！管他求證結果是眞？還是假？

近幾年來，政壇上也流行起假設。當民意代表質詢政府官類時，或當媒體記者問政治人問某些敏感話題，甚或許多人不想回答問題時，都會推說「這個假設性問題不便回答」，假設成了最安全的「避風港」，好像只要躲進「假設港」，就能免除後遺症和殺傷力，到底是眞的，還是假的？

到了大學以上就有「研究方法」課程（或稱「方法論」，Methodology，在空大有

周文欽教授著「研究方法概論」），在這些講述研究方法的內容中，頗多篇幅在談論「假設」，非假設的章節也大多和假設有關，不少人在假設的迷陣中轉來轉去出不來，到學期結束還有人弄不清楚「假設是眞的，或假的！」

假設會成爲初入學術領域的初學者的迷陣，是因爲假設是一個多面人，可以爲假、爲眞，或爲是、爲非，也可以爲有、爲無……，本文試圖用較淺明的詞句與大家談談「假設」的各類面貌和關係。

二、假設的界定與標準

假設（Hypotheesis），有時候稱「假定」、「姑設」或「姑說」等不同的說法，有「姑且先這麼說，尚待進一步驗證。」之意，所以假設也稱爲一種「命題」（propositions）。用方法論的文詞下個界定，「假設是若干概念聯繫的一種系統。」如此界定除具有專業素養的人看懂，絕大多數的人都「有看沒有懂」。舉例說明之，有兩個概念：權力和腐化，把這兩個概念加以界定（有一定的職位可以影響別人所要叫權力，別人有要求於這位在職者，經常要送紅包，此種現運叫腐化）。現在就可以製成一個假設：權力使人腐化。故從結構上分析，假設與定律、理論並無差別，都是解釋兩個以上概

念的關係。

撇開專用術語，從人們生活成長過程來看，我們對於經驗世界的觀察，所提出來的解釋都叫假設。例如古老的人類以「眼見爲證」就說「地球是一個大方塊」，以後又有人說「地球是圓的」，這些解釋都叫假設。我們常聽人脫口而出說「天下的烏鴉都是黑的」，乃是有人看到烏鴉第一隻、第二隻……第九十九隻都是黑的，就下個結論：有這麼多的證據，可見「天下烏鴉都是黑的」。

我們深思追問，地球是圓的嗎？天下烏鴉都是黑的嗎？其實這些都是「暫時性假設」（筆者就親眼看過一隻白烏鴉）。當初提出那些假設的人，其實都不認爲只是假設，而自認爲是一種理論、定律，甚至當成眞理。在我們所住的這個大千世界裡，大多是假設或理論，能稱「定律」的不多，能叫「眞理」的更是極少。所以提出一個假設要很嚴謹，已故自由主義思想家殷海光教授（曾任教於台灣大學）認爲假設要合乎若干要件，也是必要標準。

㈠假設必須可以證實或否證（推翻）

我們提出一個假設，必須要能證明其眞、假、有、無，凡不能者，就不可以成爲一個假設，如「李家的房子最近鬧鬼」，這要如何證明爲有，或爲無呢？恐怕用屬鈔人力財力都不能驗明是眞是假！即不能證實又無法推翻，假設就不能成立。我們勸人爲善，說「善有善報，惡有惡報；不是不報，時候未到。」但也常見善者不得好報，惡者長享榮華富貴，善惡之間的因果關係不能證實或推翻，當成假設則毫無價值，當成鼓勵人心向善則有價值。又例如「呂副總統打電話給新聞嘿嘿嘿……」這就是一個合標準的假設，在經驗科學中是最簡單的問題（命題），是眞、假、有、無，一驗證便知。

㈡假設必須在當代知識系統範圍內

這是說假設要和當時代人們的知識相一致，脫離知識領域製成的假設，非狂妄之徒，便是幼稚無知。例如我們常看星際大戰之類的影片，人可以在宇宙間各星球隨意傳輸，於是某科學家提出假設「根據質能互換原理，人可以在瞬霎間來去各星球。」在我們有限的生命中這可能無法證實，所以是個失敗的假設。但是，當代現有知識系統若永遠不去突破，「地球豈不永遠都是方的」，人類知識永遠在原地踏步。所以，提出超越的假設，還是以現有知識爲基礎，只是這種超越「假設」仍然是可檢驗的，

很愼重的。

㈢假設必須可以推論

合乎科學的假設是以「如果……則……」形式製成，這是一種推論，運用現有已知要件推論尙未出現的情況。在方法論上稱「解釋與預測」（Explanation and prediction），例如假設「如果台灣宣佈獨立，則中共以武力犯台。」這是一個合乎科學的推論——一個假設，因爲可以驗證（獨立與戰爭），只是我們尙未去驗證這個假設。另一種推論稱「類比」（Analogy），如某甲有a、b、c諸點，於是有d點；某乙也有a、b、c各點，故推論乙也有d點。科學家常在做這種「假設研究」，地球上有陽光、空氣、水，故有生物存在；其他星球若有與地球相似之點，推論應有生物存在。顯然，推論是有些危險和欠準的，所以假設的推論要控制準度，並且檢查結論，才能提高「眞」的程度。

三、假設的種類與表達

國內對方法論素有研究的郭秋永教授，把假設區分成統計假設（Statistical hypothesis）和實質假設（Sustantive hypothesis）兩種，前者是假設用量化或統計語詞表達·，後者用抽象方式加以陳述，不用量化或統計語詞表達。

空中大學教授周文欽按變項是否可測量，分成研究假設（Research hypothesis，又稱「科學假設」，就是郭秋永教授的實質假設）和統計假設。研究假設依變項間關係及可否測量又分四種，可用表一表示之，表內四種假設的意義可參閱周文欽「研究方法概論」一書，本文爲簡化起見，在假設的表達方面，舉實質和統計假設兩種說明之。

【表一】　研究假設的種類

		變項是否可測量	
		否	是
變項間關係	有	文義型對立假設	操作型對立假設
	無	文義型虛無假設	操作型虛無假設

(一)實質假設

首先是實質假設的表達，是使用一般文字撰寫，以抽象方式加以陳述。今舉目前國內最敏感熱門的統獨與國家安全問題，製作三個實質假設：

1.如果台灣宣佈獨立，則中共以武力犯台解決中國統一問題，美日依安保條約精神，應能以軍事介入協防台灣。

2.美國爲持續其全球霸權與國家利益，在中國政策上採「明統暗離」政策，以期永久圍堵及弱化中國。

3.如果台灣有了神盾艦和愛國者三型飛彈，或加入TMD（戰區飛彈防禦系統），就能進行「境外決戰」，阻止中共武力犯台。

(二)統計假設

其次是統計假設，使用統計符號或量化語言來呈現，周文欽教授用簡單的對照表達，讓學者易懂，各種符號意義如表二。需要特別說明的是，統計假設的表達總是用希臘字母，常用的是μ和p，μ是母群平均數（μ_1代表男生數學能力，μ_2代表女生數學能力）：代表母群的相關系數（數學與物理成績的相關係數，不等於零是有相關，等於零是無相關）。

【表二】　統計假設與研究假設表達對照表

研究假設（實質假設）
1. 男生的數學能力比女生來得好。 *2.* 數學成績與物理成績有相關。
統計假設：
1. H_0：$\mu_1 \leq \mu_2$ H_1：$\mu_1 > \mu_2$ *2.* H_0：$P = 0$ H_1：$P \neq 0$
符號說明：
H_1：對立假設 H_0：虛無假設 μ：母群平均數（男μ_1，女μ_2） P：母群相關係數

四、假設的驗證方法

提出假設後，接著就要驗證這個假設是眞是假？是有是無？以決定這項假設是該被推翻？或有很多證據可以證實爲眞，這就是假設的驗證方法。還是按照實質與統計假設兩種略述之。

實質假設的驗證方法，常用者有調查、觀察、實驗法，乃至訪談、問卷、檢視文件（歷史文件）等都是。每一方法各有精確的涵義、分類、步驟和實施程序，讀者可自行參閱相關專書。惟實質假設通常用抽象語句表達，非統計符號或量化的呈現，當假設狀況與驗證後的實況有落差時，常依主觀判定眞僞（有無），受到主觀價值影響。這種「缺點」的克服，有賴研究者保持價值中立。

其次是統計假設的驗證，周文欽在「研究方法概論」上提到四個步驟：第一是依研究假設提出統計假設；再次選擇統計方法；第三決定顯著水準（Level of Significance）；最後是進行統計分析與裁決。第一步驟如前節「統計假設與研究假設表達對照表」，第二步驟的統計方法頗多，讀者可自行參閱統計學專書，第三步驟要對虛無假設（H_0）和對立假設（H_1）做「二選一」選擇，最後依統計分析做裁決，決定該假設成立或推翻。

五、假設在研究（讀書）與人們社會生活中的定位

一般人對「假設」這東西有些刻板而略帶畏懼的感覺，總以爲在純科學（如數學）才要假設，殊不知假設就在我們日常讀書、研究、生活與思考之中，假設是文明社會的一部分，甚至是文明的「指標」。略述假設四種定位如次。

㈠假設是研究（讀書）過程中的環節

大概在大學以上（含大學、碩士、博士、博士後）的學者，都免不了要做一些研究，同時提出論文（報告），或發表著作。當研究者決定主題、目的、架構後，研究者還要依據目的，進一步提出研究問題，針對問題擬訂出「暫時性的答案」，這個答案也可能是未來研究的結果，此亦就是假設與驗證。整個過程可以表三表示之。

【表三】 假設在研究過程中的定位

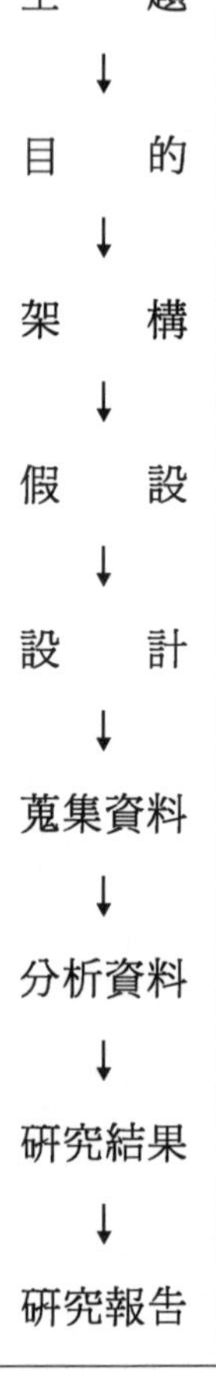

主題
↓
目的
↓
架構
↓
假設
↓
設計
↓
蒐集資料
↓
分析資料
↓
研究結果
↓
研究報告

㈡假設是理論建構的初步

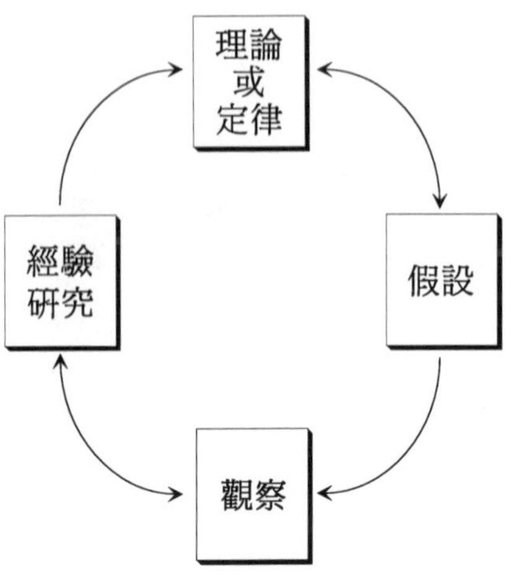

【圖一】 假設在理論建構過程的定位

任何科學研究的最終目標，都在尋找「統一理論」，或希望得出「定律」。但世間除數理與自然科學有所謂「定律」或「統一理論」（亦非永恆的眞理）外，社會人文科學通常只是「理論」罷了！人類社會不斷進步，也可以歸功於這個「假設」與「理論」的不斷循環，我們不止息的提出各種假設（如星際旅行），進行觀察與研究，也許得到一種新理論或定律，不久又被新的假設證實而修正或推翻，又建構另一套更新的理論系統，這個循環過程如圖一所示。

㈢假設是從非知識世界到知識世界的橋樑

人從呱呱墜地，走進這個花花大千世界，就開始透過觀察、學習、研究的過程獲得各種知識，我們甚至可「假設」，小兒初生時的「啓呱呱而泣」是成長中的「第一個假設」。以後他不斷成長，小學、國中、高中……，他對所觀察到的事物、天上的星星、國內政局……也有了「暫時性答案」，此時的答案可能止於想像或情緒，非知識的。他再成長，不斷觀察研究，想像與情緒的非知識成分愈來愈低，他開始進入知識世界，獲得更多客觀知識——眞正的寶物。假設是從非知識世界到知識世界的橋樑。

㈣是否懂得提出假設是文明與野蠻的分水嶺

在文明初露曙光的社會，人們言行多受到圖騰、信仰、教條、祖制的規範，對自然現象的解讀常基於神意或啓示的原因，對現況及未來方向也由卜筮、籤語或符籙才能尋獲定位。他們不需要知識，所以他們也不會運用假設。但文明不斷演進，人們愈來愈需要知識，就開始懂得提出假設，製作假設的技術也愈精確，結果就是文明程度

愈來愈高。終於，許多社會從神治、人治，邁向法治社會——現代社會。是否懂得提出假設是文明與野蠻的分水嶺。

六、結　語

本文以假設爲問題的核心，與諸君閒聊假設的涵義、種類、表達、驗證、定位等，我們可以說得更徹底些，這世界上並沒有恆久不變的理論、定律、法律、道德，牛頓或愛因斯坦的定律都一再被修正，法律不出一代（十年）就要重頒，所謂「道德」觀念不出數年就被新一代顛覆。換句話說，用最寬廣的心和最自由的思想詮釋這個世界，這一切都是假設。定律或理論不過是「暫時的假設」，「我的看法」是假設，「你的看法」也是假設，但我們要尊重彼此的看法和假設。

「六祖壇經」中有關研究方法的爭議

一、前　言

目前空大有「研究方法概論」課程（其他各大學也有類似課程，不論自然科學或社會科學，這是進入學術殿堂最重要的基礎學門）。據面授這門課的老師，及修習這門課的同學們所述，「研究方法概論」（以下簡稱「方法論」）確實不好教，又不好學。教的人易陷於枯燥無味，學的人聽得「霧煞煞」而昏昏欲睡。「方法論」這東西果眞難乎？非也。個人近年研習有關方法論及目前在空大新竹中心講授研究方法的課程，特別是課堂上與學生們對話講解時，都設法把深奧難懂的理論做趣味性表達，或用故事誘發學生思考。「六祖壇經」中有關研究方法的爭議，是我講授「方法論」課程曾經用過的趣味話題，該書中人物（如達摩祖師、六祖惠能）也曾是小說、電影、電視的流行人物，學生有興趣聽，有助於對學習研究方法上的思考，略述一二，供大

家參考。

二、「六祖壇經」的背景說明

「六祖壇經」簡稱「壇經」，原名是「六祖惠能大師法寶壇經」。這部書是所有中國和尚所寫的作品中，唯一被尊稱爲「經」的一部，是禪宗最重要的典籍，也是中國文化寶典之一。壇經是中國禪師第六代祖師——惠能大師一生講經說法的記錄（記錄人是惠能大師的高徒法海禪師），而主講人當然就是惠能大師本人。

惠能是何許人也？他俗姓盧，名惠能，唐太宗貞觀十二年（西元六三八年）誕生於嶺南新州（今廣東新興縣），是一個出身寒微，目不識丁的樵夫，由於他的天賦加上後天的努力，還有千載難逢的良機，就以二十多歲的年輕人，成爲中國禪宗第六代祖師。這裡要思考的問題是他用什麼態度去研究佛學，用什麼方法「得道」？

原來，大約是梁武帝時代（西元五〇二——五一九）年，達摩到中國傳法，是爲中國禪宗第一代祖師，其後再傳二祖慧可、三祖僧璨、四祖道信，傳到第五代祖師弘忍大師，時在蘄州黃梅縣憑墓山上的東禪寺傳法（約現在的湖北黃梅縣北二十五里），在找尋傳人上面臨很大困境。有一天，弘忍大師召喚衆僧，宣告大家把平日潛心修學的心得寫成一詩，若有眞正體悟眞理的人，就將本宗代代相傳的正法眼藏和衣鉢付託給他，成爲本宗第六代祖師！

弘忍大師的大弟子神秀，俗姓李，此時已五十多歲，是一位飽學高僧，完全遵照佛門規矩及程序來潛修佛法，他提一詩：

身是菩提樹，心如明鏡台，
時時勤拂拭，勿使惹塵埃！

五祖看了詩，很失望的說，尙未見到自己的佛性，只到了門檻，還沒有窺見眞理的堂奧！想要達到徹底覺悟的境界，實在差得太遠了。

這時候惠能也已經在東禪寺的後院打雜，專做一些劈柴、舂米、打水、除糞等下人的工作，有空也會到前堂去聽法、參禪。惠能也聽到神秀的提詩，他一聽就知道尙未見到佛性，也未體悟到眞理。但他也想提一首詩，只是他不識字，也不會寫字，於是惠能用口唸，請別人寫在牆上，這便是千古名詩：

菩提本無樹，明鏡亦非台，
本來無一物，何處惹塵埃！

五祖一看，知道惠能是佛門龍象，他才是眞正的禪宗第六代祖師，便傳位給他——六祖惠能，他的門人弟子把他一生講經說法記錄下來，此即「六祖壇經」。

三、「六祖壇經」中有關研究方法的爭議焦點

一千多年來，「壇經」最大爭議話題，是五祖爲何沒有把衣缽傳給原先內定的高足神秀，而傳給一個目不識丁的打雜工人惠能，這兩人到底有何高下等差！他們各自用什麼方法進入佛法，打開智慧之門呢？

首先，神秀是嚴守佛門規矩，用現在的術語叫做遵守共認的研究方法。例如表現在㈠飽讀儒、道、佛各家經典，由淺入深，算是高學歷的學者；㈡遵守一定的規，如趺坐、參禪、頌佛、讀經、早課、晚課等，完全「照表操課」；㈢經過如此實在的研究方法訓練，表現在他的思想（如提詩），有如次的特徵是完全符合現代方法論上的

規格的：

第一、概念（Concept）明確，合乎理論建構（Theory Construction）的第一步：身「是」菩提樹，「是什麼？便是什麼？」夠明確了，沒有灰色地帶。

第二、變項（Variable）間關係明確，具有可驗證性，如「身」、「菩提樹」、「明鏡台」、「勤拂拭」等。

第三、因果關係明確也合乎邏輯推理：身是菩提樹（因）→心如明鏡台（果）；時時勤拂拭（因）→勿使惹塵埃（果）。

第四、就全詩而言，也等於神秀提出的假設（Hypothesis），他正在不斷的驗證假設，以期呈現未來的驗證結果（得道、眞理、智慧或成佛等）。

其次，惠能用什麼方法進入智慧之門呢？他完全推翻了程序與方法。有一次惠能和一名叫「無盡藏」的女尼討論「大涅槃經」時，女尼問他：「你不識字，怎能了解其中眞理呢？」女尼顯得很疑惑，惠能滔滔不絕的說：「眞理與文字無關，眞理像天上的明月，像晴空的飛鳥，像山野裡的野菊花，而文字卻像您我的手指；手指可以指出明月、飛鳥、菊花的所在，但手指卻不是明月、飛鳥或菊花！看月、看鳥、看花，也不必一定透過手指！」

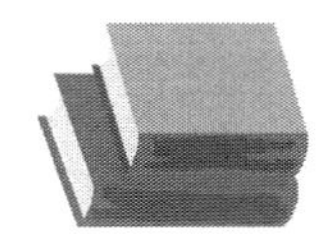

當然，惠能揚棄了用手指（及一般文字、程序、方法）觀察世界，他用眼睛直觀，而且不止於肉眼。他說：「眼睛有五種，肉眼、天眼、慧眼、法眼和佛眼。凡夫只用肉眼，行善爲樂之人用天眼，體悟一切皆空者用慧眼，能在空無之中積極救世者用法眼，最高境界便能得佛眼。」

五祖看到惠能的提詩，內心就決定傳位給他。有一天夜裡，五祖把袈裟和祖位傳授給惠能，並且說：「眞理是無形無相的，這袈裟是有形之物，易引起爭端。從你開始，只傳無形的心法，不要再傳有形的衣缽；若傳衣缽，恐遭殺身之禍。」五祖指示惠能當夜離開，向南傳法。

四、結語——「南能北秀」都有方法

此後，六祖惠能在中國南方傳法，闡揚「單刀直入、直了見性」的「頓禪」（頓，是直接、直觀、迅速的頓悟）。在這法門當中，修行者不必遵守一定的程序，不必使用固定形式的方法、途徑，即可在日常生活中直接打開智慧之門，獲得眞理，體悟佛性。

五祖的另一高足神秀則在北方傳法，闡揚「時時勤拂拭，勿使惹塵埃」的「漸禪」（漸，是逐漸、次第、規矩的上升）。這個法門下，修行者必須固守一定的步驟、方法、程序，逐級上升，才能漸入佳境，解脫成佛。

這於這南北兩大禪師的弘法，各自使用不同的方法，禪宗開始發揚光大，「南能北秀」或稱「南頓北漸」，也成爲禪宗兩大派別，影響了以後日本、韓國、中國及歐美的禪宗發展。得到眞理的方法到底是什麼？用頓？用漸？永遠都有爭議，其實因人而異，各有所好。

話談到這裡，有些人會問「研究方法還要學下去嗎？努力學習方法的人反而未得大位！」我的回答是「要更努力學」。所謂「頓」或「漸」是交互運用的，理論方面需要領悟、頓悟，才能心領神會；實證、操作和技術方面，則需要遵守一定的方法、程序，才能駕輕就熟。

頓悟學習：另一種研究學問的方法

一、前　言

在空大學訊二六八期（九十年四月一日出刊），我在「與您談心」專欄，談過研究學問的兩種方法：「六祖壇經」中有關研究方法爭議（詳見該期頁一二九——一三一）。該文是以「六祖壇經」中的兩個重要人物，惠能和神秀為例，比較兩種讀書、研究或學習方法，歷史上稱「南頓北漸」。

所謂「漸」，是逐漸、規矩，有一定的方法，此無疑問。但是「頓」（頓悟、直觀），多數人以為是一種毫無根據、非經驗性或天馬行空的想法，甚或是一種「特異功能」。事實並非如此，本文進一步與讀者們聊聊「頓悟」的學習方法，這一步是讀書、學習、研究的重要「門檻」。「從一朵花看天堂，從一粒沙看世界」，正是此意。

二、頓悟學習的理論基礎

心理學各種學派中，格式塔心理學派就是頓悟學習理論的實驗與建立者。「格式塔」（Gestalt 是德文，在英文中並沒有相當可用的譯詞，語意與 Organization、Configuration 或 Form 相近，國內也有著作譯成「完形」）這一學派的重要學者有考夫卡（Koffka, K, 一八八六——一九四一）、苛勒（Kohler, W, 一八八七——一九六七）及魏泰邁爾（Wertheimer, M, 一八八〇——一九四三）等三家，而以苛勒的實驗證明最爲學界所樂道。

苛勒在一九一三到一九一七年間，在非洲卡納雷群島（Canary Islands）用黑猩猩做實驗，後來發表《猩猩的心理》（The Mentality of Apes）一書。他用一隻很聰明的猩猩，名叫撒旦（Sultan），把撒旦放進籠子裡，籠中放兩根粗細長短不一的竹竿，而在籠子外適當距離放置香蕉。實驗開始時，撒旦用一根竹竿去勾取香蕉，許久未成，又用另一根竹竿勾取，還是沒有拿到香蕉。此時，苛勒暗示猩猩竹竿兩端有孔，撒旦似乎思考片刻，突然牠將兩根竹竿接成一根長竿，勾到想要的水果。苛勒的驗有三點

意義，略加解說：

㈠頓悟學習與智力有關。不同種屬間的動物，智力有高低，同一種屬也有智力的等差，其智力愈高愈有可能產生頓悟現象，苛勒的實驗中只有聰明的撒旦才有頓悟能力的表現。另有一位學者桑代克（E. L. Thorndike）用貓做實驗，就只能嘗試錯誤（Trial and error）學習，無法產生頓悟學習的表現。

㈡頓悟是對各個不相關的變項做完整（完形）的聯結。在苛勒的實驗中，籠子、竹竿、香蕉、空間、人和猩猩本身，原是不相關的變項，但在此一情境中，猩猩必須洞識各個變項的關係（順序、因果等），因而頓悟，解決問題；否則，頓悟不易發生。

㈢頓悟之前仍有一段「探索期」。看似突然的頓悟行爲，與之前行爲（如兩次勾取香蕉未成）無關，但那兩次失敗也可以解釋成學習過程中的行爲假設（Behavioral hypothesis）。假設是一種試驗或探索，對眞、假、對錯的一些嘗試。

依苛勒的觀點，獲得知識的過程並非冗長而盲目的嘗試錯誤，而是一種突然就「頓悟」了。如此僅解釋頓悟的事實，未曾說明頓悟如何成立？學者稱之「古典格式塔論」。後來在一九三二年，有美國學者託爾曼（Tolman, E. C.）用老鼠做實驗，提出「符號格式塔論」（Sign-gestalt theory），認爲學習是有方向、目標的，情境中的各個符號有完整性的關係，構成認知地圖預期「什麼可以導致什麼」（What-leads-to-What），終於達到目標（標的、知識等）。若學者依據符號線索來反應而達到目標，此便是預期獲得證實，故依託爾曼之論，學習也不是盲目嘗試錯誤，而是可以「未卜先知」的，有方向、有目標的行爲。

三、頓悟學習是經驗或非經驗的爭議

苛勒雖認爲頓悟學習是突然的，非經驗性的，換言之，頓悟能否產生與個體的經驗無關，但另一位學者的實驗推翻了苛勒的理論。一九四五年心理學家比琪（Birch）用六隻小猩猩做實驗，情境與苛勒雷同，簡化爲一根竹竿抓到香蕉。六隻小猩猩中只有一隻有過玩弄竹竿的經驗，實驗結果只有這隻有玩弄過竹竿經驗的猩猩解決問題，換言之，其他沒有玩過竹竿的五隻猩猩都沒有產生頓悟學習的現象。接著，這五隻猩猩各給一條竹竿當玩具，讓牠們玩三天，再對五隻猩猩進行相同的實驗，結果全都順利的用竹竿解決了問題。這個實驗有三點啓示：

㈠頓悟不能完全脫離經驗而產生。但也不能用經驗論或行爲主義之類的純科學來

解釋，頓悟的本質是抽象，無法觀察，只能由個體表現出來的行爲加以推斷。

㈡之前有類似經驗，可助之後產生頓悟。例如從未玩過竹竿的猩猩就沒有產生頓悟行爲，讓牠們玩一陣竹竿後，都能解決問題。「前經驗」與「後經驗」到底是漸進、突變或有因果關係，顯然仍有爭議，尚待學界研究。

㈢現代學者用「學習遷移」（Transfer of learning）解釋這個理論。「前經驗」會遷移到「後經驗」，舊學習的效果有助於新學習，此便是我們口語常說的「溫故知新」、「舉一反三」或觸類旁通的能力。

知識（眞理、智慧、學問）的獲得，到底是經驗或非經驗的，不僅我國有「南頓北漸」或「南能北秀」之爭，西方亦同。而以德國哲學家康德（Immanuel Kant, 一七二四——一八〇四）的「天賦說」最有特色（因最能滿足許多天才型人物的優越感），康德認爲知識不可能僅僅來自感覺器官的輸入，必然有一些是先存在（preexisting）的規範爲因子，外界的經驗才能有意義的顯現並吸收成爲知識。依康德之論，空間、時間及因果性是人類天生的三個先驗範疇，無此三者，我們很難察知事物的眞相，獲取更高層次的知識。這個說法在現代基因學裡是可以證實的，此無疑問。「天賦說」表示一種非經驗思維，有助於頓悟的產生，且天賦愈高，頓悟能力愈高。

四、頓悟學習與啟發式教學法

頓悟，有著相當程度的非經驗性，能否靠教育方法產生頓悟現象，突破學習效果呢？答案是肯定的。這便是布魯納（J. S. Bruner）提倡的「啓發式教學法」（Discovery approach，或直稱「發現式教學法」），我們教育界也很重視這個方法的運用。本教學法中，老師爲學習者安排情境，提供思考機會，使學習者自己去探索各種問題間的關係和意義，甚至自行提出假設，親自設計和驗證，領悟基本原理原則。這個過程有三階段：第一是探究（Exploration），提供學習者可以觀察的情境和摸索的機會；其次發明（Invention），老師協助學習者統整各種經驗，以產生一個新的概念；第三是發現（Discovery），鼓勵學習者把獲得的新概念得以調適和修正。爲增加頓悟效果或提高頓悟的可能性，運用啓發式教學法應把握三點要項：

㈠教師須引導學生積極參與教學活動。包括課程內容選擇、進度、討論、報告，當學生遇到難題時，教師並不直接告訴他答案，而是間接提示或協助他進行分析、判斷，由學生自行重新組織其認知結構，藉以產生新概念，並運用這種新概念。

㈡學生的學習情境和歷程是完形（完全、統整）的。對教材結構，學生是經由思考、比較、綜合的，而不是零零碎碎的知識；知識的獲得是建立在假設與檢證的基礎上，有根有據，而不是「隔空抓藥」。如此的學習情境和歷程有助於學習遷移，突然間的頓悟於焉產生。

㈢頓悟學習和啓發式教學法都不是普遍原則。所謂因材施教也，對智力較差者、初入某領域的初學者、欠缺背景知識等，都不利於啓發式教學法，要頓悟如緣木求魚。其他如課堂上的學習風氣不足、學生參與意願低、素質太差，影響也很大，惟「教」與「學」本來就是互動的，相互影響；但教者總是居於主導地位，如何運用的妙，也就存乎一心了！

在「六祖壇經」中，惠能和五祖弘忍大師有一段「頓悟與啓發教學」的對話。當時惠能才剛到東禪寺初見弘忍，大師爲測試惠能的根器，一見到惠能就問：

「你到這裡來幹什麼？」

「弟子是嶺南新州人，想拜大師爲師，望大師慈悲收容！」惠能從容回答，並四肢匍地向大師頂禮。

「我就知道你不是什麼好東西！原來是嶺南野蠻的短嘴狗！有資格成佛嗎？」弘

忍故意諷刺他。

「人雖有南北區分，但眾生都可成佛，這人人可以成佛的佛性，您我難道也有差別嗎？」惠能臉不紅氣不喘的這樣說，早把四周圍觀的和尚驚出一把冷汗。弘忍大師心知高手出現了，由衷歡喜，但仍裝出一副嚴厲的樣子說：

「來求法還這般無禮，閒話少說，到廚房打雜吧！」

「啓稟師父！」惠能意猶未盡接著說：「弟子內心本來就清淨無染，心無雜念，身無雜務，師父叫我去打雜，要打個什麼雜？」

五祖弘忍內心大驚，心想這年青人實在太聰明了，不磨磨他，日後恐怕會出亂子。於是大師向這初來求法的鄉下人大聲命令說：「短嘴狗倒是伶俐得很，廢話不必多說，你就到馬槽清掃馬糞，還不快去！」

就這樣，這位目不識丁的「鄉下老土」開始在東禪寺「打雜」，他便是不久後中國禪宗第六代祖師——六祖惠能大師。（讀者請再參閱「六祖壇經」）

五、頓悟能力的培養

知識領域雖浩繁無邊，任何人窮一生心力亦難以求全，故我們常加以分類，能悟知一部分已是了不起的成就。最初步的分類是二分法（Dichotomous classification），可以用文字語言表述出來，可以普遍性傳播，讓許多人用相同的規格（方法）學習的是「命題的知識」（propositional knowledge），這是屬於公共性知識。另一種是超越文字語言的表達，不易大衆傳播，只能靠個人心領神會，這叫「默會的知識」（Trcit Knowledge），是個人性知識，「默會」就是一種頓悟、直觀的能力，所謂「一葉知秋」、「一聞即悟」就是這種能力。「頓悟能力可以培養嗎？」可以，因爲頓悟並未完全脫離經驗（如前面學者的實驗）。而且在當前這種社會複雜，兩岸關係迷離，天下局勢動盪不安，國際之間合縱連橫舉棋不定，遠交近攻朝令夕改，此種外環境詭異難料；我們內心卻非要保持一定的定力不可，才足以安身立命，能夠專心研究學問，努力讀書獲取知識（眞理、智慧、道）。以下四點用心思索，頓悟能力當可提升：

㈠總體宏觀的思考。世間一切存在的虛虛實實，離不開「力、空、時」的互動關係，不僅要有微觀細膩的心思洞察個別變項的來龍去脈；也要有宏觀的眼界，釐清每個變項之關係，有直接也有間接關係。

㈡從表相參透本質。各個變項之間雖有關係，但可能是一種表面現象，其本相則潛藏不露，也就是「力、空、時」都虛而不實，或有些有實。故須直透事物之本質，才能了解實相。

㈢想像力與判斷力。頓悟是一種超越「經驗論」和「因果關係」的思考力，能夠用以判斷的證據（資料）極少，如「一朵花、一粒沙、一葉、一聞」，由此「看天堂、看世界、知秋、即悟」，就需要想像力與判斷力行之。

頓悟能力的培養看來似乎很玄奧，但並非無根無據的空想、妄想，依實證研究結果顯示，與智力、經驗都仍有關係；按個人淺見，與時空關係、時代背景、環境等也要有機緣配合才行。如學生有智力、有經驗，但未遇適當的老師，也不一定能產生頓悟境界。

六、結　語

本文是繼「研究學問的兩種方法」後，有部分學生、老師、朋友在閒聊時，大家提起「頓悟」二字，好像深不可測，不可得。但愈是不可得的東西，大家愈是把他視爲「寶貝」，愈想得到，頓悟就是這類寶貝。人們常有許多疑惑，就是未得頓悟；一旦頓悟，便是不惑。爲了頓悟，仍須有方法、門道，故有本文之寫作，討論頓悟的理論基礎、經驗之議、教與學的要領及其能力的培養，希有助於諸君之讀書、研究。

概探研究方法中四個關鍵性問題

壹、前　言

現代學術研究領域中，不論從事社會、人文、自然或醫療等研究，從開始到結束，最後用一定形式（論文、報告或發表會等）表達出來。把研究成果公諸於世，不僅表示自己有所創見，也期望研究成果能對人類社會有濟世之用，對文明演進和觀念啓蒙產生一些作用，相信這是研究者最大心願。想在研究領域中實現一點點心願，小到提出一篇短篇論文，大到研究國家、社會中的長篇大論，主持重大實證研究等，都少不了在研究全程中遵循一定的研究方法。

研究方法似乎千頭萬緒，但提綱契領加以簡化，不外是四個關鍵性問題的思維邏輯。只要了解這四個問題的內涵與外延，所謂「研究方法」已大致在掌握之中。

貳、之一：關於「研究方法」的層次與瞭解運用

研究方法其實只是一些工具（思維或操作上的工具），就像一把刀，武林爭勝用寶刀，殺豬當然用「殺豬刀」。但研究方法的區分在學術界常有混淆的情形，而且在政壇上被錯用誤用當成政爭工具（如假民意調查）。吾等讀書、教學、研究的人，千萬要把工具做正確的使用。

所謂「研究方法」，正確區分成三個層次。首先是方法論（Mothodology），這是包含自然科學和哲學上的知識論，及所有人文社會科學的共同問題。其重要內涵是概念（Concepl）的界定與引入、假設（Hypothesis）與定律的發展、理論（Theory）建構（最好是「統一理論」）等。有了定律與理論便能對主客觀環境中的各種事務（物），進行解釋與預測，或成爲發展新理論新定律的基礎。這整個過程有一定的程序必須遵循，研究過程中保持價值中立（Value-Nautrality）是重要的堅持與心態。惟因「統一理論」的欠缺。在解釋與預測上頗多爭議，以歷史解釋爲例就有「全體論」和「個體論」兩種類型。

全體論的歷史解釋就是方法論上的全體論（Methodological holism）。認為歷史實體（Historical Reality）是一個不可分的整體，先於人類而存在，歷史法則也是先於經驗而存在的普遍法則（A priori universal low），由它決定歷史發展的方向與合理性。既然歷史發展有先驗性的普遍法則引導，則歷史是可以預測的，非人力所能阻止或改變。馬克斯（K. Marx）、湯恩比（A. T. Toynbee）都是這個類型的觀點。

個體論的歷史解釋就是方法論上的個體論（Methodological Individualism）。認為歷史不是一個實體，歷史事件都是個別的，所謂「先驗性的普遍法則」根本不存在。如果沒有人的存在與行為，那些「社會」、「國家」或「歷史」也就不存在。既然沒有普遍法則的存在，歷史就是不可預測。現代經驗論的流行都持這個觀點。此處只是從方法論的瞭解上舉例說明，其他學科的方法論也有類似不同論點。

研究方法的第一層次是研究途徑（Approach）。在現代科學社會研究分析中，Approach有兩個基本含義，其一是指研究者在研究問題所採用的基本觀念、模式與方法·，其二是指學者因係用不同觀念、模式與方法，而形成的各種學派，其實是一些理論，有學者稱「概念架構」（Conceptual Frameworks）。例如在教育研究領域常用的研究途徑，有調查研究法、觀察研究法、個案研究法、人種誌研究法、實驗研究法等。在政

治研究領域常用的研究途徑，有實證政治研究途徑、行爲科學途徑、結構與功能分析、系統理論、集團途徑、決策理論、溝通理論、政治精英研究途徑、組織分析及心理研究法等。

不論稱「研究法」、「分析」或「理論」，都是一種「概念架構」，只是一種研究「途徑」。讀者若想深入了解自己所學相關學科的研究途徑，在圖書館或書店都能找到專書可用。

研究方法的第三層次，是底層可操作的技術或方法（Technigues or Methools），如文獻蒐集與整理、樣本選擇、測驗編製、推論統計、民意調查、問卷設計、研究日誌撰寫、研究設計、參與觀察扮演、訪談設計等，乃至量化、模擬、假投票等，都是這個層次的研究方法。

現在讀者手上拿的是何種層次（水準）的刀，是「殺豬刀」或「倚天劍、屠龍刀」？就要看功力（努力）了。但刀只是一個「死的工具」，爲善爲惡仍存乎人心。此次大選（九十年十二月一日立法委員及縣市長選舉），上層者政客拿「倚天劍、屠龍刀」到處爲惡（抹黑、造謠）；下層者幕僚人員拿著「殺豬刀」亂揮（假民調、假廣告），凡此，都是方法（工具）上的惡用，甚至有些學術界、讀書人參與爲惡，都深值我們深刻反省，進而研究未來改進之道。

參、之二：研究計畫——開始到總結研究過程的安排

我們常對「研究計畫」、「研究設計」和「研究過程」三者有所混淆，實則研究計畫範疇最廣，研究設計次之，研究過程再次之。但以研究過程爲整個研究的主體，是從研究主題↓歷程↓提出成果報告之完整主體工程。

所謂「研究計畫」（**Plan of Research**），乃主事者（研究者）欲從事一項研究或工作，所事先策訂的計畫。以軍事上的作戰計畫說明，欲從事一項作戰應先擬訂可行的作戰計畫，完全針對作戰行動規劃提出計畫（主體計畫）。但爲使作戰順利仍須其他週邊計畫的配合，如人事計畫、情情計畫、後勤及政治作戰計畫等。

在學術研究領域中，對研究方法日愈重視，任何研究事先應有周詳研究計畫（從主體到周邊）。其要點視研究主體之大小包含以下各部份。

一、主體問題相關背景說明：含與問題相關的大環境和特殊環境，對問題有影響的利弊分析、選擇等。

二、研究宗旨：含研究緣起、目的、主題、基本假設、文獻探討、概念界定、理論架構。

三、研究過程：主要是從提出研究主題，中間經過目的、架構、假設、研究設計、資料處理，到完成研究結果，提出研究報告爲止的全部過程。

四、研究進度：含事前準備及進行，如田野調查、民意測驗。若時程拉長（如一年以上），通常再區分各階段，每一階段所欲完成的進度管制，階段目標之完成與檢討等，以確保主體目標之能按時完成。

五、研究人員組成與分工：除一人研究（如碩、博士論文、短篇及短期研究報告）外，凡多人組成的研究，均需有適當的組織和分工，策訂工作守則，配合研究進度等。

六、資源管制和運用：最重要是經費分配或預算爭取，其次有研究設備、人力調配與應用。

此外，所謂「研究設計」（Research Design）是和研究計畫完全不同的東西，它是指假設的提出、蒐集資料的說明、使用技術（研究方法的第三層次）的描述、設計邏輯與研究策略等五項。「研究計畫」和「研究過程」有許多是「看得見」，但「研究設計」大多是「看不見」的，比較抽象的。例如我們說「室內設計」，指的是「觀念」

或「概念」的表達，絕不是指「那張桌子」。讀者若要深入了解「研究設計」，仍有專書可用，此處只能略說數語。

假設的提出是社會科學研究的程序，通常研究者先提出假設，在研究過程中論證之。蒐集資料的技術包含資料的種類、性質、眞僞、分析、處理，也是一門不易專精的學問。研究技術與方法的描述、邏輯（Logic）如何推演、策略（Strategy）如何定謀與進行。凡此，都是研究過程中不可或忘之要務。

從「研究計畫」、「研究設計」到「研究過程」可圖解如下，概略看出一個研究不論大小，都是這樣的流程。

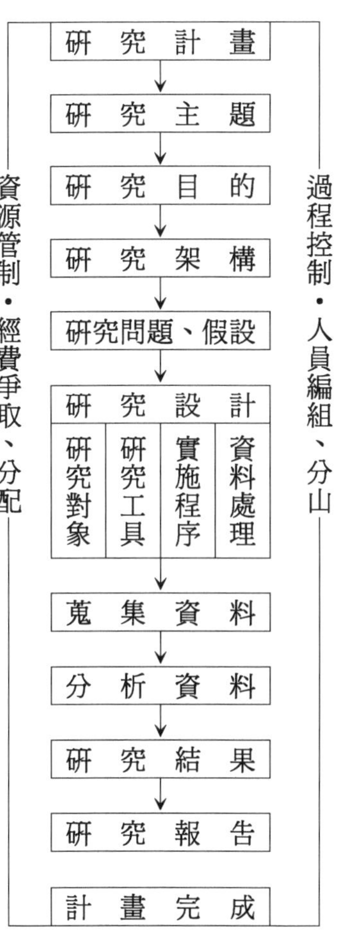

本圖參考以下資料繪製：

①周文欽，研究方法概論（台北：國立空中大學，八十九年八月），第一章。

②段家鋒、孫正豐、張世賢主編，論文寫作研究（台北：三民書局，七十二年十月），研究設計。

③呂亞力，政治學方法論（台北：三民書局，七十四年九月），第十章。

肆、之三：價值中立問題的處理

如果「研究計畫」和「研究過程」是看得見的，「研究設計」至少也是半透明的。那麼「價值」就是看不見的，它潛藏在研究者的心中（思想、觀念），此即所謂「價值觀」。身爲一個學術研究者要把個人心中的價值觀暫時抽離，使自己超越身外和物外，就事論事以做到價值中立的問題是很難的一項重大工程。筆者擇時另闢專文闡揚，此處也只能簡述。

首先要了解「價值」（Value）和「事實」（Facts）的區別。事實是指一種事物的狀態，包括人、事、時、地、物的存在與關係。價值包涵一切被人們認爲有價之物（Valued Things）和人們對各種事物所作的價值判斷（Value Judgement），其中有許多爭議和混雜。二者差異在：㈠事實有觀察標準，價值則無；㈡人有天生的感覺器官來感受事實的存在，但沒有任何器官可以感覺價值的存在；㈢學習事實判斷較易較快，學習價值判斷較難較慢；㈣我們事實判斷的改變多半來自本來內心世界的領悟；㈤事實判斷爭議少，價值判斷爭議很多。

知道了事實與價值的區別後，研究者在整個研究全程中必須時刻提醒自己做好「價值中立」（Value-Neutrality）：其一、研究過程中，研究者暫停自己的價值判斷，避免研究成果受到成見或偏見影響。其二、研究報告使用任何語句要把價值陳述和事實陳述分開。如何把價值陳述和事實陳述明確區分，以下舉例說明之。

事實陳述語句：

◎辦公室有三位女性職員，張小姐人很勤勞，陳小姐常請事假，李小姐勤勞又上進，現在正讀博士班。

◎院子裡的花有三種顏色，紅色、菊色、白色，紅花開的最多。

◎目前台灣有三個較大政黨，民進黨、國民黨和親民黨，民進黨是執政黨，也是國會最大黨。

價值陳述語句：

◎辦公室裡有三位女性職員，張小姐人最可愛，陳小姐最漂亮，李小姐漂亮又體貼，我喜歡李小姐。

◎院子裡的花有三種顏色，紅色、菊色、白色，紅花最漂亮動人，我喜歡紅花。

◎目前台灣有三個較大政黨，民進黨、國民黨和親民黨，民進黨的台獨路線很危

險，我不喜歡。

以上區分應很明確，事實是談實然（What is）問題，價值是談應然（What ought to be）問題。雖然此二者在哲學和科學兩個層面上仍有許多爭議，但保持價值中心的心態是減少爭議的要件，「學術人」應銘記在心。

伍、之四：研究成果的表達與公開發表

學術研究的成果除極少數特殊原因外，都要用一定的方式（規格、體例）表達出來，並向各界公開發表，研究成果若不發表出來就無須遵守一定的形式規格。所以，形式規格的表達與公開發表有連繫作用。所謂「極少數特殊原因」不能公開發表，例如事關國家機密、情報、法律等特別因素。哥白尼（Nicholaus Copernicus, 一四七三—一五四三）經三十年研究過程，完全「天體運行論」（De Revolutionibus Orbium Coelestium），因和教會觀點不同也不敢公開發表，一六一六年被列爲禁書，直到一八三五年教會宣佈解禁。

既然絕大多數的學術研究成果必須表達出來，並公開發表，就必須注意遵守兩部

份的規範，才能使辛苦的研究克竟全功，劃下完美的句點。

第一是有效的表達技巧。包含行文通順簡練，就事實平鋪直述，切忌情緒化語句，少用形容詞和副詞，價值中立的堅持等。爲此，從初稿到完稿應不斷審查以下六件事（陳澤普，研究方法與論文寫作，六十七年五月）：

㈠原來的問題陳述是否與內文相融合？

㈡導論與結論是否能相互照應？

㈢前後思想是否一貫？

㈣章節及各部份是否有邏輯性？

㈤主題是否已充份發揮？

㈥全文（論文、報告、簡報）是否圓通無礙？

其他如有無前後矛盾？假設是否獲得論證？行文是否太過武斷？也都很重要。第二是遵守一定的形式規格。各類型研究都有不同形式規格要遵守，以學術研究論文爲例，其結構大體上區分篇首、正文、參證三部份。篇首有封面、空白頁、標題頁、提要、序、目錄頁、頁碼等，短篇論文可再簡化。

正文部份含緒論、本論與結論，這是假設↓求證↓結果的運作過程，一般學者稱

爲分析架構（Analytical Framework）。本論最重要的是篇、章、節的安排，及表圖系統、註釋、頁碼、結論、跋等。

參證部份，重要者有附錄、參考書目、索引等。以上不過舉其大要，實際上各種研究成果的表達，都應在一定的形式規格內儘可能化繁爲簡，以利傳播、溝通和了解。

陸、結　語

學海無涯，知識浩蕩。爲了要取得知識，我們永不止息的進行各種學行研究，研究要有方法，這些方法顯得千頭萬緒。爲此，筆者按個人所學心得加以簡化，把研究方法提要鉤玄，化爲「四大綱領」：研究方法的層次與瞭解運用、研究計畫、價值中立問題的處理、成果的表達與公開發表。此四者乃對研究方法的提綱挈領，學者扼此四大綱領，依本身研究領域之需要，假以時日，則「若挈裘領屈四指四頓之，順者不可勝數也。」（引「荀子」語，原文「五指五頓」）

第三篇 從一朵花看天堂、從一粒砂看世界

每一個人對經驗世界和靈性世界的學習認知途徑都不同，因為背景、因緣、智慧和天命都不同。

有人需要用「壓迫」，有人愛「放牛」吃草。

有讀遍群經成大師，有目不識丁就成佛。

有人需要一步一腳印，走遍萬水千山，才能對客觀世界有些認識，或得到快樂，非得聽大師講法才知天堂何在？

我選擇「從一朵花看天堂、從一粒砂看世界、從一飄葉知秋來臨」，這是五十不惑的頓悟。

登向陽山

遊黃山

在南湖大山

西湖美景

參加佛光山第十二期「全國教師生命教育研習營」紀行

壹、前言——緣起

第十二期「全國教師生命教育研習營」於本（九十三年）年八月十一日到十四日，在高雄佛光山舉行，由南華大學和國際佛光會中華總會主辦，教育部爲指導單位。本校參加人員有吳元俊、張美香、林泗濱、王文雄、路統信、葉雪娥、蔡玲吟、吳信義和陳福成（筆者）等共八人。

二〇〇六・五、廿七上午八點三〇佛光山開山宗長星雲大師於大雄寶殿主持「出家剃度傳授沙彌（尼）戒」典禮，當鐘鼓齊鳴時，大殿內釋迦牟尼佛結印放掌處，出現一圓形、立體的彩色放光法輪。

照片來源：佛光山滿悅法師

這是一場豐富生命教育的饗宴，叫我們這些教育工作者，如何在這個顛覆與變局的社會中，怎樣教育這些新世代的學子們，並把自己的角色調在最適中的定位上。簡述研習內容，與大家分享並供參考。

貳、出發，找尋生命的春天（第一天）

八月十一日上午七點我們從台北出發，到佛光山已是下午一點多，辦完報到手續就開始第一天課程，「建立生命的春天」，由慧傳法師講授。身為一個教育工作者，首先得「找到」生命的春天，面對各式各樣，千奇百怪的孩子們，固然是「有好有壞」，但基本上每個生命是獨立的個體——都是一個美麗的春天。

有些時候，老師會碰到「壞學生」，但其實是我們尚未找到孩子的春天。例如，也許老師們會碰到下列各型的學生：見賢思齊型、孺子可教型、不打不成器型、頑石點頭型和死不悔改型等。能教到前兩種學生，是老師們的福氣；碰到後三種可能就頭痛了。特別是碰到「頑石」，死不認錯，永不悔改，常叫身為老師的為難，氣得跳腳要拿出「不打不成器」的老辦法。

面對這些難教化的學生，慧傳法師從「緣」的觀點，提出三個教化方向。㈠「只問耕耘，不問收穫」；㈡「另覓因緣，教育子弟」；㈢「因緣成熟，自然會改」。

我想，在教育的過程中，用打、用罵、用強求，如何能讓孩子產生「變化氣質、提高素質」的結果呢？可能達不成教育目的，反而增加「負作用」吧！「緣」的觀點可以解決這些大難題，從「緣」我們可以找到生命的春天。

談到「緣」，我們常說「隨緣隨緣」，似乎有些消極，這是對緣的誤解。星雲大師開示此二字時說，「隨緣不是隨波逐流，更不是趨炎附勢，在隨緣中要記住應有的操守和原則，隨緣就由智慧產生的方便，也就是般若。」

所以，從「緣」出發，便能惜緣，珍惜結緣，轉隨緣爲隨願，以願力來莊嚴國土，成就大衆，當然也能成就孩子們——不論是良才或頑石。

參、生命藝術與自然生態教育（第二天）

自古以來，人和自然的關係有兩種觀點。第一種是人與自然合一或和諧的，如「天人合一」觀，這是中國文化的觀點。第二種人與自然是對立，甚至是對決局面的，所以人要征服自然，這是西方觀點。

近現代以來，西方觀點已逐漸「驗證」其錯誤，乃有生態受到嚴重破壞，社會發展趨向「叢林化」，弱肉強食，生命失去喜悅和美感。如何重新找回人與自然的和諧，如常法師講授「生命藝術之美」，陳進發講授的「自然生態教育」，是第二天課程的重點。

「生命藝術之美」，從五個層面經營深耕，可以做到圓滿，㈠正當正常的工作；㈡歡喜付出的人生；㈢宗教信仰的生活；㈣興趣培養的生活；㈤生命分享的喜悅。一個人的生命若能從這五個層面來豐富化，進而能專能深，就自然能散發藝術的美感，徹底去除人性中那些黑暗、貪婪、佔有等欲望，淨化心靈，淨化這個世界。

須要注意的是，這五項是有先後順序的。人要先有正當正常的工作，才會遠離邪魔歪道，接著能付出、肯付出，才能與別人分享（用反面說法，別人才願意接受你的分享），別人也才願意主動和你分享。

「自然生態教育」首在培養對自然生態環境的親近習性，強化對自然生態的觀察力，觀察要深入，而不只在表象打轉，才能感受到生命的意義。爲了能對自然生態產生感動，我們觀賞「雪霸國家公園生態攝影」，一幕幕熟悉的場景從我眼前跳過，大

霸尖山、玉山圓柏、白木林、武陵盛景、七家灣溪、櫻花鉤吻鮭、台灣獼猴……

第二天的晚課，佛光山宗長心定和尚以「心靈DNA」為一天的課程做總結，謂人的基因會遺傳，這是肉體方便；但心靈也會遺傳，這就是「相由心生」的道理。人的思想正確、行為也會正確，對眾生便有利益；反之，思想錯誤，行為也會錯誤，對眾生便不利。相同的道理，人為善，就會有善果。

肆、現代社會的困境與新社會觀（第三天）

假如人類社會不啓動工業革命的列車，不要走上現代化的道路，假如我們現在仍保持在農業社會，也許我們就不必來佛光山，或許根本就沒有佛光山了。因為世界沒有那麼多罪惡。

然而，終究只是一種假設，甚至連「假設」都不能成立，因其不能驗證。世界還是無情地走到二十一世紀，科學和宗教（佛）都告訴我們，一切的物質、事物、星球等，最後都趨向毀壞、腐敗、滅亡，只是我們的大限到了沒有？

該是沒有吧！否則我們為何還在佛光山朝山禮佛呢？大限雖未到，但大難徵候卻

已示現，這是現代社會的困境。人類能否突破解決這些困境尚未可知，我們碰上了，

第三天的課程中，柴松林教授告訴大家如何面對這種「新社會」，可歸納十大項。

㈠這是變動快速的世界，五年超過以往五十年的變。

㈡老人社會來了，老人愈來愈多，年青人愈來愈少。

㈢以後的人沒有親戚，孤獨一人的活著。

㈣新人類是高等寄生族，永遠長不大的成人。

㈤家的功能愈來愈少，依賴政府高，不滿也升高。

㈥離婚率再攀新高，婚姻的穩定性喪失。

㈦性別解放，兩性日趨平等。

㈧各種疏離感日趨嚴重，貧富差距愈來愈大。

㈨地球環境受到的破壞還會再嚴重。

㈩環境愈壞，社會愈亂，大家想休息：休閒時代。

看樣子，最壞的時代也還有一絲希望。昨日，陳進發教授講「自然生態教育」，我中意一句話「在自然中尋找生命的出口」。我又記起「侏儸紀公園」電影最後一句道白：「生物最後會自己找到他的出口」。

願我佛慈悲，讓大家找到「出口」時，都仍是快樂自在的「一種生物」，且能順利成功的出口。

接著，滿謙法師以自己學習成長的經驗，闡述自我教育的重要，佛教修行教育是「自覺──覺他──覺行圓滿」的過程。相信，人的學習成長，人能開創多大的事業，自我教育是起點，也是動力。

覺培法師「展開書・展開生命」的課程，告訴大家「讀書、學習、開展生命」的第一步是「傾聽」。而正確的傾聽態度是以對方爲主要核心，以不帶成見去聽，用生命感受去聽，再整理歸納並回應。錯誤的聽包含部份選擇性的聽，頁面解讀性的聽，只說不聽和只聽不說都是。

面對人生要培養體力（十力）：閱讀學習、處衆協調、策劃執行、情緒管理、分析整合、解決問題、組織管理、樂觀贊美、反省自覺、開發資源等。

伍、發現生命的意義（第四天）──代結語──歸程

生命的意義是甚麼？生命有沒有意義？想必全世界六十多億人口中，永遠不會有

統一的答案。德蕾莎修女爲甚麼把自己弄成一無所有，去幫助那些「窮人中的窮人」。星雲大師爲何十二歲出家？他爲何不坐下來享受榮華富貴？他爲何在幾近八十高齡仍在「雲水三千」？

而人間衛視新聞主播楊玉欣小姐，以一個殘障者的身份，用她的行爲：布施、行善、幫助弱小族群……她離身體行動不方便，並不減少對人群，對社會的愛心，仍在積極努力，完成各項她所想要完成的工作。如此，便成就了她自己——自我實現；也成就了衆生，普渡衆生。

現在，我已經不必在此爲「生命的意義」，用文字來下定義。因爲我們在星雲大師、楊玉欣小姐身上，還有這幾天在佛光山上所接觸到的高僧師父的身上，看到了生命的意義，我們以此典範來教育我們的子弟。〈原刊台灣大學退聯會訊，九十四年〉

東歐匈奧捷三國之旅

壹、前　言

這是一個千載難逢的良機，我們研究所四十學分班師生，爲增廣對東歐藝術、文化、歷史及社會等之一般性見聞的了解，也爲學術觀察研究的需要。因而有匈牙利、奧地利和捷克三國之行，眞是一段視覺、味覺與聽覺的饗宴，好像經歷一段眞情又幻異的仙旅奇緣。

一行人含教授、學生、眷屬及嚮導在內共三十三人。時間從民國九十二年七月二十二日到八月二日，共計十二天，因觀察項目很廣泛，內容豐富，受限於篇幅，本文只能簡節摘要，略述個人所見及心得，雖紙短仍情長，第一天上午八點三十分一行人飛離國門，中經香港、德國法蘭克福（Frankfurt），到達匈牙利首都布達佩斯（Budapest）已是午夜。累了一天，便一覺到天亮，開始眞正奇幻之旅，以下依行程順序分述之。

貳、有中國風味的歐洲古國——匈牙利

所謂「有中國風味」，指的是匈牙利人的膚色、食物調理和姓名安排方面。據傳，他們是蒙古人西征時，匈奴人建立的國家（待查求證），不過建築、美術上仍是充滿著歐洲古風。我們在匈牙利參訪觀察，置重點於布達佩斯和聖坦德（**Szentendre**）兩地。

復古的布達，現代的佩斯，自然地布局在多瑙河兩岸，由河上不同造型與故事的各種橋樑，連接成一個完整的雙子城。

多瑙河左岸的布達城堡保存著許多中古遺跡，皇宮、城堡、教堂、博物館最有看頭。其中，馬提亞斯教堂（**Matyas templom**）外觀是新哥德式教堂，原是聖母教會，後因國王馬提亞斯在此舉行婚禮而改名，又因土耳其佔領改成回教寺院，加入巴洛克風格，十三世紀後多次整修，它一再爲匈牙利人的歷史做見證。另一個漁夫堡（**Halas-zbastya**），彷彿是童話中沙灘上的沙堡，它是中世紀的防禦工事，欣賞布達佩斯和多

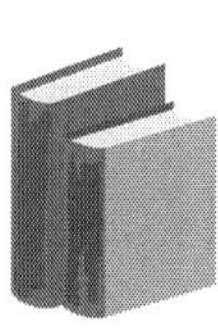

瑙河的最佳景點。

多瑙河右岸的佩斯是現代與傳統交溶的都會，熱鬧的「華西街」（Vaci utca）是我們購物的天堂，恐怕連「阿拉伯神燈」都有。英雄廣場（Hosok tere）吸引所有人的目光，它是紀念匈牙利建國一千年的歷史紀念，建於一八九六年，廣場周圍有歷代國王和政治人物的雕像，廣場旁邊是國立美術館，收藏著七百年來歐洲各國的名畫作品，我們亦前往參觀。

七月二十四日我們離開布達佩斯前往聖坦德（Szentendre），一個美麗的小城，從石器時代就有人在此居住，是匈牙利最古老的城鎮之一。這裡的居民多是藝術家，有「畫家之都」的美譽。中午我們就在這裡品賞地方風味餐，老師也在閒談中爲大家解說匈牙利的藝術之美。

參、文藝音樂之鄉的絕代風華——奧地利

在奧地利有將近五天的時間，是此行的重點。維也納、哈斯達特、聖沃夫崗湖、莎姿堡、莫札特故居、鹽礦區、欣賞地方特有風物是重點中的重點。

一到維也納（Vienna），就先到百水（Friedensreich Hundertwasser, 一九二八——一九九一）看他的「百水公寓」，他像是一個開維也納玩笑的頑童，震憾於他顛覆主流，回歸自然的堅持。環城大道上，哥德式、巴洛克式、文藝復興式……宛若一條項鍊上鑲嵌著串串明珠，相互輝映，美不勝收。貝維第爾藝廟的作品，老師講解最深入，克萊姆（Gustev Klimt）的「吻」，是那個時代哀愁與恐懼的告白。其他各家作品還有Ferdinand Hodler、Richard Gerstl、Oskar Kokoschar、Egon Schiele、Max Liebermann 等近代名家作品。熊布朗宮不愧是哈布斯堡王朝（Habsburg）代表性的宮殿，著名的維也納會議就是在此舉行的。一個美麗的夜晚，我們在音樂聲中過「維也納之夜」。

哈斯達特（Hallstadt）、聖沃夫崗湖（St. Watlgang）一帶，是阿爾卑斯山間最美麗的湖泊區，我們在此遊湖、欣賞街頭音樂會、品嚐鱒魚餐，從湖邊的五星級飯店看綺麗山景，湖畔也有各國遊人、情侶。我們也是一對對情侶，都忘了不知是光景醉人，還是人自醉！

鹽礦之旅很新鮮，也驚異於兩千多年來，人類（羅馬人及這一帶居民）都吃著同一口礦區的鹽。到了莎姿堡（Salzburg），一定要來造訪莫札特（Walfgang Amadeus Mozart, 一七五六——一七九一），與他神遊對聊，看他的故居，親近他的母親，買他

的東西（CD或巧克力），希望多感染一些他的音樂氣質。

肆、夢幻般粉嫩粉嫩的童話國度——捷克

在進入捷克首府布拉格之前，我們先到達三個古城：克魯洛夫（Cesky Krumlov）、赫魯波卡古堡（Hluboka nad Vltavou）和卡羅維瓦里（Karovy vary），這裡是世界的童話夢境，我們似乎又回到童年。

行程第七天我們到了克魯洛夫，這是聯合國文教會保護的古城，七百年來時間似乎都停格。我們住在原是修道院，現在是飯店的Ruze Hotel。伏爾他瓦河（Vltava）呈S型貫穿全城，河在左岸城堡區，右岸是以市政廣場爲中心的舊城區。「克魯洛夫城堡」建在山頂最高點，十三世紀的要塞，有巴洛克式的寢宮，文藝復興式的室內佈置。舊城區的黑死病紀念柱附近、教堂、商店，都是吸引遊客的重要景點。

赫魯波卡古堡從三十世紀以來多次改建，有哥德、文藝復興和巴洛克式風格，現在是酷似英國溫莎城堡的樣貌，充滿著童話故事中城堡的夢幻色彩。卡羅維瓦里是歐洲風景最優美的溫泉度假區，傳說是十四世紀時羅馬帝國皇帝查理無意間發現的溫泉

資源。

捷克首都布拉格（Prague）是大家念念不忘的地方，它不愧是聯合國教科文組織（UNESCO）遴選的「人類遺跡城」。在這裡我們一一看過老城廣場、查理士大橋、火藥塔、天文鐘、黃金小巷、摩夏（Mucha）美術館，都是人類遺跡中的無價之寶。當然，逛街購物買些自己想要的東西，是大家的最愛，恨不得把整座城搬回台北。

在布拉格的一個很小很小的「黃金小巷」內，就在小巷二十二號，住過一個人，他對世界的影響是很大很大的，他就是卡夫卡（Franz Kafka, 一八八三——一九二四）。衆所周知，他是存在主義（Extentialism）文學家兼哲學家，因存在主義導致「上帝之死」，人才從上帝手中取回獨立思考、判斷及行爲的權利。可見黃金小巷內住著大人物，朋友，在你心中上帝是死是活？可能讓你傷腦筋吧！

第十一天，是準備打道回國的時候，大家依依不捨。再次到附近的捷克音樂大師德弗札克（Antonin Dvorak, 一八四一——一九〇四）銅像前，與他合影留念，對他掀起國民樂派的風潮表示尊敬。之後，從法蘭克福、香港轉道回國，到了中正機場好像才從仙境中醒來，重返人間。

伍、感想與反省

十二天行走三國十餘重大城鎮，確實是走馬看花，但從「一粒沙看世界，一朵花看天堂」，在我內心深處，依然「看」到很深的感想與反省。

一、都市計畫用心與長遠的眼光。此行所見各城鎮的建設，不論民間或是官方建築、橋樑或水利工程、交通或文化等硬體建設，都有長遠的眼光。百年乃至千年之宏規，用心並能堅持去執行。有此種看法是此行許多人的共識，也都認靈我們的政府在這方面要多努力。

二、對文化古蹟的保存用心且細心。這又是我們最要反省的地方，我們國人常在反問「台灣有文化嗎？」眞的，除了中國文化之外，台灣有文化嗎？我們要看文化要去故宮看，而人家滿街都是文化。因爲他們用心、細心，我們也可以處處有文化。

三、看過「百水公寓」，分離派藝術，我們體會到一個社會的眞正多元，是必須對「少數、反對者、非主流」方面，給予充份的尊重，甚至去欣賞他們。不管是在文化、政治、社會等各方面，都能如此，這才是對人眞正的尊重，也才是一個成熟的社會。這點台灣顯然正在學習，政治思想上有句名言：「我不同意你的意見，但我充份尊重你的意見。」我們好好學習吧！

四、匈、奧、捷三國原來都是共產國家，脫離共產體制才不過十餘年的事，現在國民所得奧地利約兩萬歐元，匈牙利和捷克約五千歐元（詳細資料待查）。就社會和經濟發展的一般觀察，人民的生活水準、購買力，似乎頗爲樂觀。由此也證明，共產主義帶給人貧窮，不適普遍用於人類社會；而美式的資本主義社會問題多多，讓整個社會在「叢林法則」機制下運作，也很殘忍。人類的政治制度要何去何從？社會主義是否更佳？須要我們的集體智慧，只是自己作「業」自己擔，路都是自己走出來的，或自己選擇的。

陸、結　語

一段天堂般的仙旅奇緣終於劃下完美的句點，重回人間，重返現實的生活圈，美好回憶都是永恆的，一生一世難以忘記的。除美麗的回憶，我仍不能忘懷我身爲一個幼稚園老師的責任與承擔，我爲甚麼參加這次學術研究旅行？難道只是「去玩」嗎？

絕不止於此。我將把所見所聞、所蒐集的資料、照片，尤其老師用心的講解，都一一內化成我的「東西」，再拿出來教養我們那些可愛的小朋友們，這才是此行最大的作用與目的。

懷念一代大戰略家鈕先鍾教授

「鈕老」自民國九十三年二月七日辭世，至今已兩年一個多月了（本文寫於九五年三月）。當代兩岸及海內外關心「戰略」的人，無不知「鈕老」便是鈕先鍾教授，台灣近五十年來，能以布衣而為將帥師者，唯鈕老一人，他可以說是「戰略」二字的代言人。關於鈕老的生平譯著等，在中華戰略學會出版的九十三年夏季刊有詳盡介紹，本文不重述。我的本意是懷念、紀念「一代大戰略家」，進而闡揚其戰略思想，讓下一代「知道」這位戰略家。

我並非鈕老的門生親友，有甚麼「必要」或因緣要紀念老先生。乃是我對於戰略這門學問，假如有一點視野或知識，鈕老有著「啓蒙、頓悟」之功。我初讀幾本戰略經典作品，都是出自鈕老手筆，或譯或著，如克勞塞維茨（**Carl Von Clausewitz**）的「戰爭論」、李德哈達（**Basil Henry Liddle Hart**）的「戰略論」、薄富爾（**Andre Beaufre**）的「戰略緒論」，及紐老著「現代戰略思潮」等。而以民國八十五年元月我親訪鈕老師，始有「站在巨人肩上」的感覺，事後把訪問內容整理成兩篇文章，刊在陸軍學術

月刊上。這兩篇訪談式論文，應是鈕老師生前唯一正式受訪而寫成的文章（至少我未見有其他類似文章），現在拿來紀念鈕老師應是很有意義的。

鈕老辭世，我們失去一位「戰略國寶」，既有「戰略國寶」之美譽，他生前理應受到重用，因為台灣正是最須要有戰略思維，才能生存發展。可惜，鈕老一生清貧，晚年還要靠版稅才能生活。劉達材先生在「鈕先鍾教授與戰略研究」一文（中華戰略學刊，九十三年夏季刊）之末說，鈕老師生不逢時，也生不逢地，如果他生在日本，他的筆耕所得，兩輩子也花不完。生在美國，不是布里辛斯基，也是季辛吉，有享不完的榮華富貴。每想到我們社會的「戰略無知」，眞是欲哭無淚。

確實如劉達材先生所述，眞是百感交集。惟此處所謂「戰略無知」，是鈕教授生前常引用法國戰略家薄富爾將軍的一句名言：「戰略的無知，是致命的錯誤。」鈕師所指何事？為何常提此名言為警示？原來鈕師指的是大漢奸兼日本皇民李登輝於民國八十四年訪美國康乃爾大學之舉，短期間雖有「暫時獲利」，長遠看確實嚴重傷害台灣及兩岸關係，事過十餘年回頭在看，果如鈕師所引言「戰略的無知，是致命的錯誤。」從李訪康大後，台灣便一步步走向戰爭，走向戰火，而台灣內部也開始動亂、分裂。

鈕師一再提起「戰略無知」，除指李訪康大事件外，也指台灣這群「綠獨」人馬，不斷操弄分離主義、「去中國化」等政策，不僅違反戰略思維，也是極危險，且成功率（即成功公算）接近零。因爲戰略乃「追求生存、發展、全勝、安全之學」，不容許「以一個不一定能獲得之利，去抵銷一個極可能之害。」台獨正是一種無利可圖，更有百害之舉，是虧本丟命的生意，所以是戰略無知。

如今鈕老已走了，說這些尙有啥用？台灣現在被獨派人馬操弄的像一座「瘋人島」，那「319槍案」明顯是作弊，是一種竊國、偷盜的行爲，內部的腐敗、分裂之極，縱有「觀世音的戰略」也是無用武之地。但吾人深信「大歷史不會萎縮」（史學家黃仁宇之言及書名），中國歷史有一定的走向，春秋大義的力量正在使中國走向統一之路，分離主義者的哀鳴悲歌以唱到完結篇，鈕老也就可以安然在道山看花、賞月或品茗了。

倒是吾等這些尙未乘抵「道山站」的乘客，在有限的未來，如何發揚鈕老師的戰略思想，使其在促成中國統一繁榮的大業上，產生戰略思維的推力，而就鈕老的個人地位，他是中國自孫子兵法戰略思想以降，二千五百年來第一個突破，並與西方戰略思想接軌，完成「中國現代戰略思想」體系架構之第一人，目前也是兩岸及所有中國

人「唯一」之一人，如此的歷史地位，更深值紀念。

在前面劉達材先生那篇文章最後說到，往後是否能爲他做點甚麼。開研討會，出版紀念專集，大概都會舉辦，更有人認爲，我們海內外的中國人，應爲這位中國一代戰略大師，設立一個紀念館，永遠紀念這位偉大的中國戰略家，爲世人和國人永遠保存鈕老師一生心血超過四千萬字的文物手稿，讓後世子孫永遠紀念這位中國一代戰略大師的成就。確實該做，但有實踐能力的有心人何在？

我讀劉先生之文，深感他是有心、有思想的人，但這些須要許多人的努力，據筆者所知，鈕老師有許多學生，可謂桃李滿天下，但能自稱是「入門弟子」者，除劉達材先生外，尚有現在大華技術學院教授賴進義、八十五年北師院主任丘立岡博士，其他是否還有，筆者並未查證。往昔，蔣緯國、岳天等許多老將軍，也常聽鈕師上課，無論如何！鈕師的弟子門生、親朋好友，必定會用他們的方式紀念鈕老，發揚他的戰略思想。

我，非弟子門生，亦非親朋好友，但鈕老對我的戰略知識，甚至讀書、寫作和視野，他讓我產生一種「戰略思維」，他使我產生「頓悟」。就在我訪問他老人家的一剎那，我從巨人肩上看到另一個更寬廣而深遠的「戰略世界」，只因個人資才不足，難臻上乘之境，更達不到鈕師成就萬分之一。但我仍用我的方法，闡揚鈕先生的戰略思想，並使下一代的孩子們認識這位「戰略國寶」。

第一個方法：在我所著各書闡揚鈕先鍾教授戰略研究的歷程，如「國家安全與戰略關係」（時英版）有專節論述，在「陳福成頓悟集」一書，有專篇為紀念。

第二個方法：整理「鈕先鍾教授訪問紀錄」，因時間只有兩小時，後來整理成兩篇文章（刊在陸軍學術月刊）。

第三個方法：近年我擔任龍騰出版社「高中、職國防通識課程總召集人」，並任「國家安全」課程撰寫，終於有機會把鈕先鍾教授的戰略思想介紹給下一代的孩子們。這套課程將於民國九十五年九月，在高中、職啓用，學生課本和教師手冊均可見鈕老的「語重心長」。

本文指在懷念鈕公，不僅感動於他的學術思想，也感動於他的形象，如他的弟子賴進義回憶，「鈕公立言等身，著作如岡如陵，襟懷澹泊，氣宇如柏如松。」（同前戰略學刊），正是筆者親訪鈕老所見之形象。賴教授在該文又提及，鈕公八十歲前已完成「中國戰略思想史」，於臨終前完成「中國戰略思想新論」，奠定世界戰略思想研究之里程碑，這是我國自春秋孫子兵法之後，又一難越藩籬。鈕公實「二千五百年

來一人也」！當之無愧！

台灣這一代的「戰略無知」，已是一種「普遍性無知」，統獨之爭使人失去理性和瘋狂。獨派領導階層的非理性搞分離主義是無知，衆多附從者亦無知；而統派領導階層喪失革命精神，縱放竊國者，軟弱無力也是一種無知，廣大的泛藍群衆雖想挽救國家於將亡，只是力不從心，革命力量離散在各個角落，難以凝聚，形成革命浪潮以推翻竊國者，且許多越來越覺得「無所謂」、「算了」！更是一種無知。

下一代的孩子們讀了鈕先鍾教授的戰略觀點，若有頓悟者、感動者，或許終可改變「戰略無知」的困境。若然，鈕老於有功焉，可在道山享清福；若不然，大歷史不會萎縮，中國歷史有一定的發展方向，台獨只是暫時的泡沫，且已在消逝中，鈕老亦無須操心了，安息吧！一代戰略大師，鈕公。

中國知識份子與文化前途的關係

壹、前　言

「文化」，乃一般文治教化之通稱，是人在某一特殊時空環境創造出來的。爲甚麼說是「特殊時空環境」，例如一群人類，在兩河流域、印度河或黃河，創造不同文化。任何一個民族爲求其生存發展，故能不斷從事各種創造發明的努力，由原始野蠻向文明進化，此種努力的成績表現於科學、文學、藝術、哲學、宗教、道德、政治、法律、經濟等各種生活層面裏，其綜合則可之曰「民族文化」。此種民族文化可決定一個民族之盛衰，若文化勃發，充滿正氣光芒，則其民族必能延綿千秋，永盛不衰，頂立於世上。就古今中外，任一朝代或任何時代，道理都一樣。

這些民族文化是誰創造出來的呢？當然是此一民族中的每一成員。但嚴格的說，負責此種創造主流的，就是知識份子。每個時代都有每個時代的知識份子，是他們帶

動當代文化的興衰。換言之，當代知識份子與當代文化前途，有絕對的正相關。例如，明朝末年，有風骨氣節的知識份子如王船山、黃梨洲、呂晚村等，先後殂亡，再加清廷攏絡與壓制兼施，知識份子氣節不存，文化乃一片黑暗。「雍乾以來，志節之士蕩然無存，有思想才力者無所發洩。惟寄之於考古，庶不干當時之禁忌。其時所傳之詩亦惟頌諛獻媚，或徜徉山水，消遣時序，及尋常應酬之作。」可見當時的知識份子已無民族氣節與道德情操，士風頹靡、文化消沉，中國的民族元氣大傷兩百餘年後，變成世界上的次殖民地。

相類似的時空環境，換到公元二〇〇〇以後的台灣地區，台獨執政不顧死活的進行「去中國化」，領導階層中的「民族氣節」和「道德情操」蕩然不存，像扁政府的大律師顧立雄、教育部長杜正勝還有民族氣節嗎？當然像李登輝、辜寬敏、金美齡及整個台獨陣營，都是當代知識份子，但早已失去中國傳統知識份子那種特質，更不知道德情操爲何物了！

貳、中國傳統的知識份子

中國傳統的知識份子，一般稱之「士」。在封建專制時代，社會各個層級嚴密：天子、諸侯、卿大夫、士、庶人、奴隸；而「士」居於卿大夫和庶人之間。吾人欲知「士」在當時社會角色是甚麼？士的條件是甚麼？應從儒家的觀點探討之。因爲儒家思想是「入世」的，眞正有志於治國、平天下的氣魄者，就是孔門儒家的知識份子，他們主導中國政治思想與文化兩千餘年。

一、孔子心目中的知識份子——士

孔子與門人關於「士」的言談，有下列內容：

子曰：「士志於道，而恥惡衣惡食者，未足與議也。」

曾子曰：「士不可不私毅，任道而道遠。仁以為己任，不亦重乎？死而後已，不亦遠乎？」

子張問：「士，何如，斯可謂之『達』矣？」子曰：「何哉，爾所謂『達』者？」子張對曰：「在邦必聞，在家必聞。」子曰：「是『聞』也，非『達』也。夫『達』也者，質直而好義，察言而觀色，慮以下人。在邦必達，在家必達。夫『聞』也者：色取仁而行違，居之不疑。在邦必聞，在家必聞。」

子貢問曰：「何如斯可謂之『士』矣？」子曰：「行己有恥，使於四方，不辱君命；可謂『士』矣。」曰：「敢問其次。」曰：「宗族稱孝焉，鄉黨稱弟焉。」曰：「敢問其次。」曰：「言必信，行必果，硜硜然小人哉，抑亦可以為次矣。」曰：「今之從政者何如？」子曰：「噫！斗筲之人，何足算也！」

子路問曰：「何如斯可謂之『士』矣？」子曰：「切切、偲偲、怡怡、如也，可謂『士』矣。朋友切切偲偲、兄弟怡怡。」

子曰：「士而懷居，不足以為士矣。」

子張曰：「士見危致命，見得思義，祭思敬，喪思哀，其可已矣。」

孔子一生仕途並不如意，但他並未放棄與聞國政的機會，他的思想是積極入世的建設，他的言論就在訓練知識份子如何參與國是，治國平天下的重責大任只有知識份子才能承擔。所以孔子心目中的知識份子有很嚴格的條件，只有具備這樣條件的知識份子，當代的文治教化才能發展頂盛，才能帶動社會革新風氣，立國家千秋不拔的基業。孔子對知識份子要求的條件應有：

㈠能夠超物欲層面之外，追求學問道德的昇華，「惡衣惡食」並不可恥；如果不能忘懷名利物欲，而被這些東西牽著鼻子走，則永遠不能得「道」。

㈡做一個士，要心胸寬大，意志堅強，才能擔當重任，爲國家長遠目標而努力。

㈢不要一味到處傳播自己的聲譽，聲譽的增加並不等於道德修養工夫的加深，不終生行仁，身體力行，至死方休。這眞是一條徹底犧牲、服務的路。

㈣自身行事要知廉恥，有完成國家付給之使命的能力。注意，僅能做到狹義內的論在家在外，爲人處事要從正直、純潔、謙遜上面下工夫才行。

在家在鄉的孝悌，不能算是一個知識份子。

㈤與人相處，待人懇切、誠懊勤勉，和睦喜悅。

㈥消極而言，只想在家裡安居自足，沒有志向，對社會國家沒有貢獻，不夠資格稱士。

㈦必要時能犧牲生命，救國救民。遇有利益，應從道義上思考該不該得，做到不虧欠於國家、民族和社會。

綜合以上所談，孔子對當時知識份子要求，以偏重於道德情操與報國決心兩者而已。孔子是春秋時代典型的知識份子，然未見用於世，孔子亦不求任、乃敘書、傳禮記、刪詩、正樂、序易、作春秋，及從事教育文化工作，他以一介知識份子自居，點亮這盞中華文化的明燈，照耀古今中外兩千多年，不但是中華文化的主流，如今也用以補救西方文化之不足。所謂「天不生仲尼，萬古如長夜」，知識份子了不起的地方在此，其與文化前途之謂「絕對相關」的道理亦在此。

二、孟子心目中的知識份子——士

孟子一生志願，簡言之「學孔子」而已。當孟子之世，諸侯攻伐，殺人盈野，民生困苦；孟子惻然憂之，深知欲拯救斯民於水火之中，須先糾正人心；欲正人心，必從教化入手，故孟子一生以宏揚孔道爲職志，使儒學益復發揮而光大，「功不在禹下」也。子車關於「士」的談話如下：

「士之失位也，猶諸侯之失國家也。」……「惟士無田，則亦不祭。」……「士之任也，猶農夫之耕也；農夫豈為出疆舍其耒耜哉！」

萬章曰：「士之不託諸侯，何也？」孟子曰：「不敢也。諸侯失國而後託於諸侯，禮也；士之託於諸侯，非禮也。」

孟子曰：「……故士窮不失義，達不離道。窮不失義，故士得己焉；達不離道，故民不失望焉。古之人得志，澤加於民；不得志，脩身見於世。窮則獨善其身，達則兼善天下。」

王子墊問曰：「士何事？」孟子曰：「尚志。」曰：「何謂尚志？」曰：「仁義而已矣。」

貉稽曰：「稽大不理於口。」孟子曰：「無傷也。士憎茲多口。詩云：『憂心悄悄，慍于群小，』孔子也。『肆不殄厥慍，亦不隕厥問，』文王也。」

孟子曰：「……士來可以言而言，是以言餂之也；可以言而不言，是以不言餂之也；是皆穿窬之類也。」

從孟子言談，得知他心目中的知識份子應爲：

㈠知識份子有心求任，應循正道，才能成就其濟世之功。士失位與諸侯失國一樣重要，故知識份子最重要的工作，就是在仕途上行道，以爲國爲民服務。

㈡知識份子無所貢獻，而食祿於諸侯，是非禮的行爲。指身爲士者，要先對社會有付出，否則就是白吃的午餐，是知識份子所不許。

㈢士窮不失義，發達時仍守得住道德原則：窮則獨善其身，達則兼善天下。

㈣士最重要是立志，立志做仁人義事。

㈤士要受得住小人的誹謗訕笑，勿稍受訕謗，就士氣消沉，有眼光的知識份子常不爲人所了解，故須能忍受侮辱。

㈥行事光明正大，探求別人心事，與爬牆竊盜之事同樣可恥。

可見孟子的士，仍以道德情操和仕途服務爲標準。據學者考證，春秋戰國時代所謂的「士」有三個特徵：即爵祿世襲、有武藝素養、有專司職業的。他是貴族、武德、技術三者的合一，故後來發展成四民之首，屬於社會中的知識份子；歷朝歷代，士之對於文化傳承與發揚，實在是有無可脫逃的責任。

參、當代學者談知識份子

中國五千年的歷史文化走到廿世紀下半葉，再度出現一個關鍵時刻，馬列思想幾乎蹂躪了整個中國文化大革命是中國有史以來規模最大的「去中國化」運動。而台灣僅存的一塊淨土長期處於動員戡亂狀態中，中止戡亂後不久，又碰上台獨執政。在這生死關頭、特別須要一種「富貴不能淫、貧賤不能淫、威武不能屈」的知識份子；也只有這種敢站出來「爲天地立志，爲生民立命，爲往聖繼絕學，爲萬世開太平」。到底預備何種條件才可稱爲知識份子？近年因爲少數知識份子的言論是非不明，導誤視聽，影響國家安全與團結。故有識之士紛紛起而嚴格界定「知識份子」名器的標準，以下是我讀研究時，幾位名教授的看法。

郭岱君教授曾說，知識份子的條件有三，㈠學有專長，有專業上的成就，能爲青年表率。㈡好的品德。㈢能擔任「守望」與教育工作，即以正確的訊息來教育社會，並且爲民典範。

師大教授楊國賜：知識份子指傳統社會的「士」，其條件是㈠過人的學識，即用

學有專精的知識貢獻於社會；㈡道德勇氣；㈢使命感。綜合言之，就是「士不可不宏毅，任重而道遠」，才有資格稱知識份子。

台大教授陳志奇：只有知識而沒有道德，不能稱為知識份子，孔子對子夏說要作「君子儒」，別作「小人儒」，就是此意。

東吳大學趙師玲玲教授：㈠打破「名士」觀念，放棄「超世絕群，遺俗而獨往」的標榜。敢站出來講話，為國家社會多盡一份責任。㈡以「國士」自許，把孟子「不孝有三」的第二不孝「親老家貧，不願任祿者」之觀念推廣到社會上，就是鼓勵知識份子為國奉獻服務的道德勇氣。㈢一味的「批判」和「批評」並不算眞正愛國的知識份子，還要加上「鼓勵」才行。批判一個問題時，不能只純從「理由」著手，更要由「原因」上考慮，才是對國家有利的批判。㈣訂定一個知識份子的名器標準，使一般民衆知道何人才是眞正的知識份子。

簡又新曾說：㈠知識份子是社會的意見領袖，社會中堅，有責任促成社會之安定與進步。㈡不能只有批評謾罵，還要提得出解決方法之道。㈢知識份子應是國家及政府現在和未來的智囊團。㈣對對個社會，知識份子應提供多方面的資訊給民衆。

前總統府國策顧問陶百川先生認為，現代知識份子應發揮傳統儒家「士不可以不弘毅」的精神，以天下興亡爲己任，以所學友識報效國家：㈠要以眞知灼見回饋國家社會。㈡要以批評諫爭改善秕政歪風。㈢要以自由民主謀求長治統一。

台大教授葉啓政指出，知識份子應同時具有觀念人，及對政治社會事務具有不滿傾向者，不依附權勢，對社會關懷及批判者，也就是傳統的知識份子——士，具有先天下之憂而憂的襟懷。

世界新專教授王曉波認爲，知識份子除知識工具外，應具有道德自覺性，有一定的理想，並能爲實踐理論而奮鬥。

二十年後，歷史走到廿一世紀。台灣地區的獨派政權才執政幾年，快速成爲貪污腐化的政權。陳水扁的「第一家庭」成爲貪污洗錢中心，連女人的內衣褲、兒童童書都拿來核銷國務費用。施明德發動百萬人倒扁，許多知識份子紛紛響應。此時，中研院副院長曾志朗以知識份子最高階層的身份，也響應倒扁，他的夫人說這是身爲一個知識份子的責任，應該做的事，砍頭也要做（見當時新聞）。這就是知識份子的氣節和風骨，只要這種精神在，國家民族就有希望。

從前面兩節簡述，比較中古代和現代的知識份子，雖然兩者的社會地位頗高，也可以視同知識份子，但社會對他們的期許和要求條件並不相同。古代的知識份子——

士，偏重於道德修爲方面；現代的士——知識份子，偏重於批判能力的發揮，兩者都不夠完全。誠如趙師玲玲教授的呼籲「民國以來我們常聽人批評國家，似乎我們一無是處，但是西方眞的樣樣皆好嗎？我們很少看到西方如此持久，全面而強烈的批評自己。」又如立法委員簡又新所說：「立法院中我看到大家幾乎已將我國的缺點、毛病挑剔完了，卻很少有更正面的具體、處理辦法，這是知識份子的責任，以積極正面的態度，來求取社會的逐漸改正與進步。」綜合以上各家之言，吾人以爲現代知識份子的條件與責任應有下列各項。

一、具備有眞知灼見以貢獻國家社會

此處所謂「眞知」，是依據主觀和客觀之環境，經觀察、驗證，歸納的推理程序，而獲得的科學知識。它不是以偏蓋全的，不是一知半解的，不是閉門造車的，不是頑固己見的。這是知識份子的基本要件，有了這些知識，必須把它貢獻給國家社會，造福人群，不是用於禍國誤民，也不是私人爭鬥的利器。

二、主動積極的道德情操

此時講道德必須「主動積極」有其用意，古代講道德常認為是「明智保身」、「與世無爭」、「窮則獨善其身，達則兼善天下」等等的含意，這些都有改正的必要。今日不論個人窮也好，達也好，都必須主動積極出來報效國家，現代講的道德應根基於此才能往下談。道德情操為知識份子最重要的條件。因為，不論懂多少知識，個人有多少使命感，分析批判能力有多高，若沒有道德，其他都會變成危害社會國家的利器。歷史上曹操、秦檜、李宗仁之輩，若論知識，是當世俊傑，配稱得上「巨大的知識人」，但絕無人說他們是知識份子，為甚麼？他們獨欠缺道德情操，就成為民族萬世的敗類。

三、建設性與善意的批判

民主政治的運作須要有批評（各國國會都有此項功能）。是人類實驗民主政治兩千多年來，所得到的一項寶貴的心得。知識份子要有批評能力是許多學者都贊同的，但批評不是人身攻擊、不是惡意謾罵、不是雞蛋裡挑骨頭、不是不負責任；批評是居

於善意之動機，是建設性的建議，是居於熱愛這個團體。同時知識份子的批評，特別是有依據的，依據自己的眞知和道德情操。

四、一切的批評都是愛國的表現

當猶太人還沒有復國前，他們有多少知識都沒有貢獻的對象。國家，是人類社會發展進化至今，所能形成最好的組織，所以世上每個人都要有個國籍，這也是我們要愛國的理由。特別是我們的國家，中華民國正處於危難當頭，更需要知識份子來肯定和支持，若國家亡了，知識份子再有一肚學問，再有滿腦子的批評能力，也無用武之處，只得與當年猶太人一樣，四處流浪。

五、知行合一，帶動社會

知識份子即是社會中堅，是整個社會成員中，最明事理的學者，是人中的精英，應積極對整個國家社會的前途負起責任，能知能行，爲社會上各種人的表率。本文前言所說的「民族文化」，如政治、法律、哲學、文化等，爲知識份子所創造，其延綿自然要由知識份子來帶動，整個社會風氣才能革新推動。若知識份子知行不能合一，知一回事，行另一回事，或根本知而不行，則「士」之求「仕」也不過想做做官而已，知識份子只是做官做人，不想做事，社會活動就會陷於停滯和苟延。所以孟子說：「士無事而食，不可也。」

肆、當代知識份子與中國文化前途

孫中山在講民族主義的時候，說到中國要恢復民族地位的方法有二：一是恢復固有道德，一是迎頭趕上歐美，學習外國的科學。這兩者要做的成功，很明顯的要靠知識份子來推動，更明顯的是今天要救中國也只有靠知識份子來帶動；後者暫且不談，僅談前者——恢復固有道德。

孫中山說：「大凡一個國家所以能夠強盛的原故，起初的時候都是由於武力的發展，繼之以種種文化的發揚，便能成功；但要維持民族和國家的長久地位，還有道德問題，有了很好的道德，國家才能長治久安。」國父所講的這些道德，就是忠孝、仁愛、信義、和平。事實上，這也就是中華文化的精華，讀孔孟之書所學，數千年歷史文化所傳，也是這些。

漢民族初亡於元朝，再亡於清，又受帝國主義的侵略，所以固有的民族文化丟了，丟掉的是當時的知識份子，如今要再找回來，也要靠知識份子。可惜中華民國建國三十餘年之後，再度淪於赤色魔掌——共產主義，中華文化再度被摧殘得奄奄一息，而僅存復興基地一小島尚能高舉中華文化之火炬，力圖復興。所以今天的知識份子，已不僅僅說把失去的文化「找回來」，而是要積極負起復興民族文化的重責大任，惟知識份子有此擔當與能力。

誰知道人算不如天算！歷史發展總叫人意外。中國大陸早年以共產主義「去中國化」，不僅中華文化陷在「死水」之中，知識份子的氣節奄奄一息。所幸，他們從死路回頭，又回歸中華文化的活水，使文化燦然，使知識份子的氣節和人品成爲主流價値，使中國的興盛成爲廿一世紀的必然。「中國學」於焉成爲廿一世紀，世界之顯學。

而另一個不幸的實例，是台灣在廿一世紀開始，以陳水扁爲首的台獨集團，竟淪入分離主義的「不法政權」執政，大搞「去中國化」，統治集團成爲貪污腐敗的搞錢中心。知識份子以抓住一把權力，獲得一點利益爲人生目標，所謂的氣節、品德、倫理也就不存在。連身爲行政院長的人（游錫堃）都說，「我只是一個政客」，國家民族那有前途？

伍、結　語

文化為國家一切政治、經濟、宗教、社會、典章制度、士農之商……之原本，未有文化低落或腐敗的國家，能夠在世界舞台上繁榮滋長。中國近百年來的衰敗，與文化的衰亡有直接關係，早已是無爭的事實。中國文化的前途，就是國家的前途，這個關鍵掌握在兩岸的中國知識份子手中，有賴知識份子的參與和推動，進而領導群倫，以形式中興之氣象。特別要注意的是，台灣現在貪腐當頭，不是「獨善其身」的時候，當然也不是危言聳聽或站在旁邊批評，講風涼話的時候。只有大家都放棄「文人相輕、各立門派、固執己見」的舊習慣，團結合作，共同來復興民族文化，則中華文化眞的有前途了。

最後所要強調，也是本文所要論述的「弦外」核心思維，並非讀了很多書，有了很多知識，就叫做「知識份子」。我們要切知，如宋代大奸臣秦檜、清代大貪官，乃至現在維護著獨派貪腐集團的教育部長杜正勝、李鴻禧教授、高儒明，或是金美齡、李登輝等人，那一位不是滿腹知識？但他們絕不夠格稱「知識份子」。因為他們失去

了知識份子應有的氣節和人品。

反之，難道胸中無「墨」，沒讀多少書（尤指沒有高學歷者），就不能成爲知識份子嗎？也未必。六祖慧能大師、慈濟證嚴法師、佛光山星雲大師、發起「倒扁運動」的施明德、作家杏林子、大學問家王雲五等人，他們何曾有過顯赫學歷？甚至小學沒畢業，但胸中那份氣節，表現於外的人品，就是了不起的知識份子。

就如同二〇〇六秋，施明德倒扁運動中的發言人賀德芬教授所說，知識份子心中只有正義，反貪腐沒有藍綠，不論那個政權，貪腐就要被人民趕下台。

事實上，台獨分離主義才是貪污腐敗的源頭，因爲中國歷史上的分離主義都是暫時的。也就是「位置」都是暫時的，上到總統、部長，下到芝麻小官，都存著「撈一票走人」的心態，這也是獨派知識份子的普遍心態，氣節、倫理也就蕩然了，國家那有希望？

現代社會外遇思潮研究

——社會現象的觀察、判斷與預測

這是一個外遇的大時代，勸天下有情人，別預設立場說這輩子永遠不會碰上外遇，要把思考重點放在外遇之後，如何劃下滿意或可接受的句點。

小說劃下句點，但眞實情境中的外遇仍在進行中，這篇設計外遇爲主題，乃希望經由實際的案例觀察，來看外遇之後的一些處理模式，導致何種結局，提供有情男女參考。本文所舉案例，都是從廣泛的外遇訊息中抽離其具有代表性者，詳情早見諸媒體或出版品中，吾人不過加以歸類分析，非爲「揭人隱情」。

壹、從外遇結局區分各類模式

既然這是一個外遇大流行的時代，就會有許多叫人眼花撩亂的外遇結局（含沒有結局的結局），但爲觀察了解方便，把外遇結局分成以下十種模式。

第一種「理性處理」型。影視圈的「金童玉女」袁詠儀、張智霖過著美滿的同居生活，合拍時裝廣告。近兩年張智霖星運轉佳，冷落了袁詠儀，此時有一位富商趁虛而入，袁芳心寂寞，外遇促成。但張、袁二人有共同的事業，爲免傷及服務公司形像，二人權衡輕重後，低調協議分居，處理過程理性、務實。

第二種「走向毀滅」型。八十五年藝人于楓不堪爲「第三者」，上吊自縊而死。今年星座專家陳靖怡與已婚男友李正克談判分手未成，被李一刀刺死，都震憾整個社會。惟一九九七年底最衝擊性、戲劇性的是，日本名導演伊丹十三，因FLASH雜誌社刊登了他的外遇情，竟跳樓自殺身亡，至今人們仍不可究詰其尋死動機。

第三種「元配退讓」型。藝人鄺美雲和呂良偉原是一對好夫妻，大陸「神祕女子」王菲麗介入，鄺美雲只得退讓離婚。女作家施寄青因外交官老公Anbassado George Tuan有新歡，受迫離婚而著「走過婚姻」一書。但最震憾（也可能帶動流行）者，是名作家林清玄與他的仰慕者方淳珍的外遇姻緣，元配陳秀鑾只好離婚而去。社會上普遍認爲，像林清玄這樣接近「佛」的人都會有外遇，還有誰能夠避免呢？

第四種「你搞她搞」型。男的搞外遇，女方也不干示弱，高居世界風雲榜的是英國王妃黛安娜和查理王子，查理與有夫之婦卡蜜拉舊情復燃，但女王伊莉莎白二世認爲男人有外遇沒什麼，是可以容忍的。惟黛安娜不能容忍，展開外遇報復，最後竟意外的悲劇收場，徒留淒美佳話在人間。

第五種「回頭寬恕」型。不論西方或東方社會，男人有外遇，只要他願意放棄第三者回頭是岸，原配大多能夠寬恕接納；反之較不樂觀。英國皇室菲利浦親王有外遇，但女王伊莉莎白容忍寬恕，一九九七年他們慶祝御婚五十週年，是全球白室婚姻最佳典範。

第六種「絕對支配」型。經濟或政治力量佔有「絕對優勢」者，常能爲所願爲，主導外遇對象「呼之則來，揮之則去」。經濟絕對優勢者，如王永慶之子王文洋之擁有呂安妮；大亨林百欣之有元配賴元芳外，又有賴瑞英與金寶珠，其子林建岳娶了謝玲玲，又與王祖賢有一段情。政治上的強人如老總統和蔣經國都在婚姻關係之外，又有了一個個女人。

第七種「撲朔迷離」型。此型也許雙方保密的好，也許曾經有過一夜情，媒體不斷「炒作」，苦無證據。如影星張艾嘉和蔣孝武、吳伯雄和李靜美。而一九九七年最掀波濤者，是日本首相橋本龍太郎與中共女特務李維萍的婚外情緋聞，國會質疑他的戀情損及國家安全。

第八種「仙人跳」型。不論事前被設計或事後被出賣，這是最倒霉、難堪的一種。一九九六年八月，美國總統柯林頓的天才軍師、首席競選幕僚莫里斯，因「明星」周刊揭發他與婚外情對象蘿倫絲兩人的性關係，只好辭職，白白丟掉了大好前程。本案正是蘿倫絲自行向明星周刊揭發的，動機何在？至今無人能解，反正是被出賣了。

第九種「戀愛友誼」型。這是法國式的浪漫，婚姻關係之外還能容忍婚外愛情的存在。但有許多比較達觀者，夫妻不成退而做朋友，也能維持不錯的情誼。有現代曹雪芹之稱的名作家、李鴻章曾外孫女張愛玲，在與胡蘭成結婚後，不久胡又和一少女周訓德相戀，過不久又和一女范秀美同居。張愛玲不得已與胡蘭成離婚，但仍是朋友。此型美其名曰「愛情至上」，惟難免如張愛玲在「五四遺事」一書所說，受到新文化運動思想解放影響的知識份子，形式上是婚姻自主了，實際上仍是新瓶裝舊酒，婚姻自主、戀愛自由的結果，卻是一夫擁三妾的鬧劇結局。（于青，張愛玲傳，世界書局）我們羨慕此型之餘，恐怕是更須要深刻的反思。

第十種「死纏爛打」型。更多的外遇暴露後，各方都永不妥協，戰鬥到底。剛過逝的日本超級巨星三船敏郎，和自己公司的演員喜多川美佳有了外遇情，原配夫人幸子亦絕不退讓，三船與美佳同居多年並生有一女，三船晚年病倒，同居人美佳離他而去，原配幸子回來照顧他。三船在戲裡是巨星，戲外在兩個女人之間痛苦一生。

貳、各類外遇模式利弊分析及其決定因素

外遇除了是這個時代思潮，就個人而言也是很主觀的價值判斷與選擇，嚴格說來沒有所謂「好」或「不好」，更無客觀的利弊標準。我們暫且把前述十種按照傷害程度區分：

最佳型：理性談判、回頭寬恕、戀愛友誼。

欠佳型：原配讓步、你搞她搞、撲塑迷離。

很差型：絕對支配、死纏爛打、仙人跳型。

最壞型：走向毀滅。

不論如何區分，也許都不能使人滿意。「你搞她搞」型的黛安娜王妃和查理王子，每創造一齣外遇情，便掀起世界性的飆潮焦點，但傷害不謂不大。而「原配讓步」者

大多也是「夫離子散」，徒增書不盡的愛恨情仇。當然，「仙人跳型」實在百弊無利，而「走向毀滅」型是最不該發生，不管死的是那一方，都是千古之恨事。

從「最佳型」到「最壞型」，你到底可能發展成那一型，有一個關鍵過程：談判。由此決定結局，是一段決定性因素。

談判的目的是要獲取「最大公約數」，得到各方都滿意或可以接受的結局。這個結局可能是外遇結束，愛人離去；可能是終結原有婚姻關係，與外遇情人再建新家庭；也可能種關係並存，更可能人財兩失，三方不是人。還有更多的可能……

如何經由談判趨向「最佳型」，避開「最壞型」，並能獲得「最大公約數」，須要把握技術性的外遇談判要領。詳細觀察許多毀滅性的外遇結局，就是因爲沒有把握住關鍵性要領，如星座專家陳靖怡與李正克的談判分手，時空及環境因素都不對，徒增導致不幸的必然性。

或許，比較「利多」的外遇模式，要算第十一種「絕對機密」型，此型各方情愛均潛藏於九地之下，神不知鬼不覺的進行著，在這個外遇時代的大思潮中，百分之九十九均屬此型。那些曝光於外者，能被外界捕捉到蛛絲螞跡者，在整個外遇市場中實在只佔極低的百分比。假如始終在絕對機密中進行，就不必經過談判來尋找「最大公約數」了。

並不是所有外遇結局都是可以用談判達成的，某些外遇根本沒有談判空間。伊丹十三的外遇情被雜誌曝光後，他不顧一切就跳樓自殺，毫無迴旋空間。莫里斯等於是被蘿倫絲出賣了，毫無談判機會。而政治與經濟上的強人，因爲佔有「絕對優勢」資源，外遇對象處於「絕對劣勢」狀態，不可能有公平談判。弱者只能默默接受強者的補償或任何安排，弱的一方不可有動作或聲音，否則將會造成更多的損失。

參、直接影響外遇結局的談判要領

既然談判可以決定外遇結局，想要獲得各方可以接受的結局，更是非經談判不可。不論正式與非正式談判，只要有談便要注意以下五個要領。

第一是談判情境的選擇。包含時間、地點、空間和氣氛。時間以白天最佳，晚上次之，深夜最忌。地點以公開場合較佳，避免在隱密及封閉的地方。空間之內同時有別人存在，但不影響到談判進行。空間環境應優雅寧靜，氣氛舒適宜人。當事人的心情氣氛很重要，盡管心情不好，也不能「惡劣」，心情惡劣便談不下去。這幾點基本

考量都是以安全爲最高指導原則，以獲取較佳結局爲導向。

第二是談判技術的把握。人與人之間的談判，是技術也是藝術，沒有公式可套，更無定律可用，惟運用之妙存乎一心。若不得要領，則治絲而棼，化約成以下條列各項：

㈠避免情緒化，更要避免情緒失控。

㈡不論是合、是離，理由都要講清楚，態度明確。

㈢不可否定、攻擊任何一方。

㈣保持理性、平等、尊重原則。

㈤避免「單刀直入」，談話從週邊慢慢指向核心。

第三是資源分配運用。所謂「財散人聚，財聚人散」此處也適用，想要維持滿意的局面，又不想花錢，事情就不容易擺平。外遇如果形成三方談判，爭執的地方大多是如何補償損失。當損失獲得補償，可接受的條件於焉形成。千萬勿斤斤計較，將導致更不利的後果。

第四要誠心誠意。這一點看似不値半文錢，卻能影響談判過程的氣氛，當然也影響結局。不要讓人覺得你在玩弄感情，以負責的態度，誠心誠意爲各方的「好」而談。

第五是權衡利害，導向結局。那些是須要權衡的利害因素？若不讓各方看清楚、想清楚，一個好的結局也不易出現。這些利害包括：

㈠原有婚姻關係是否維持下去？

㈡若原有婚姻關係解體，可能的損害是什麼？

㈢孩子或其他家人將如何？

㈣與外遇對象結合的可能性、結果會是如何？

㈤最大的致命傷在那裡？能否承擔？

當然最需要想清楚的是你（妳）自己，「要江山還是要人」！全贏的機率極少，要你所要，然後付出代價吧！天下沒有白吃的午餐。

這也是一個流行生涯規劃的時代。我們總規劃著自己何時讀書、留學，何時開創事業，何時成家生兒育女，退休後要如何？第二春……但我們從未規劃過外遇發生怎麼辦！對於這種人生過程中幾近人人會發生的大事，為何不納入生涯規劃呢？這是當前社會教育的漏洞。

沒有外遇時，思考外遇問題才會沒有外遇；有了外遇，要維持或談判出好的結局，才是滿意的外遇。

肆、結論：從今天看明天，看大未來

就現代社會的外遇現象，事實上已足夠「從一朶花看天堂，從一粒沙看世界」所要的「量」，因為外遇的量很多很多，而成為一種「普遍性現象」。學過社會科學方法論的人都知道，定律、法則和理論，都必須建構在所謂的普遍性現象基礎上，若無普遍性現象，都只能叫做「個案」或「特例」。這詮釋了甚麼？

現代社會的外遇現象，已經不是個案或特例（彼觀言每個案還是不同），但就產出的「量」，已經足稱普遍性社會現象。而且愈來愈普遍，現在大家乾脆不結婚了，隨時保留可以和任何想要的人有性自由，如此便沒有所謂的「外遇」，因為外遇有正當性。為甚麼現代社會成為一種「外遇大時代」呢？有以下幾種原因：

第一、人人內心世界想要得到性滿足的渴望，心理學家說雄性比雌性渴望的力量更強大，我則認為無差，君不見「女人四十如虎、五十仍如狼」嗎？

第二、自古以來「控制」性的枷鎖已經銹壞（如道德、貞操、節操等），當然也可以解釋成是人掙脫了枷鎖。重建新價值觀：性自主和性自由才是道德實踐，才是愛情的自我實現，傳統所謂的「守貞」應受批判。

第三、對客觀世界的壓力，進行釋放和抵抗，以求生存，並能活的快樂些。活在現代社會，壓力日增，男女都不能逃脫壓力的侵略，性是很好的釋放管道。

第四、追求冒險刺激，實現人生最大的自由（共產社會中的解放），從衝突和背叛中實踐人生「美學」。一般而言，東方（中國為主）美學源於和諧統一，西方美學源自背叛衝突，但現代社會在某些領域內，已無東西方之別。衝突是一種美學和藝術，矛盾中追求統一更是。

以上四點，以第四點最弔詭。本來完美（藝術之美或愛情之美）的實現有兩個途徑。在傳統社會人們期望家庭系統下的和諧統一可以達成，但受到現代價值觀的衝擊，「體制內」追求完美已不可得，只有尋找「體制外」（外遇）來達成完美的自我實現。難怪有句順口溜說，「牽著情人的手，心兒在顫抖，牽著老婆的手，像左手牽右手，一點感覺都沒有。」

適巧二〇〇五年九月間有「外交政策」期刊，邀請全球十六位精英（含新加坡李光耀），放眼未來人類社會可能的發展，竟認為三十年內，人類的一夫一妻制婚姻會全面瓦解（九十四年九月二十七日中國時報，A一四版）。果如此，這是根本解決外

遇問題之途徑，因爲社會上再也沒有所謂的「外遇」了。

第四篇 另一種人生頓悟，中國歷史的核心價值：春秋正義

當泛藍多數的人，在公元二〇〇四年「三一九槍擊弊案」，除了遊行示威吶喊外，就只能痛罵、跳腳、詛咒、鬱卒、失望、絕望，最後逃避，說「算了」、「我不管政治」……

我起而創辦「華夏春秋」雜誌社（登記名稱），每期以「中國春秋」（封面書名）發行，希望喚醒更多人來了解春秋大義（仁政、統一）的內涵。

從這個角度批判不法的獨派政權，只有「春秋之筆」能使亂臣賊子懼。

因此，我呼籲大家起而行，做點事，頓悟吧！

不要只會鬱卒，或逃避！或說「算了！」

陸官44期畢業30週年餐會（在台大僑光堂）

在三文山

在鎮西堡

在九九山莊

為甚麼要創辦「華夏春秋雜誌社」

——創刊夥伴們的信念

本刊創辦之前，經長時間思考、醞釀與計畫準備，過程中也和朋友們研究討論。好朋友大體持兩種反應，一種支持，甚至願意共襄盛舉；另一種是反對意見，理由是「能賺幾個錢啦！」「害人的行業」、「能有甚麼作用」、「算啦」等不一而足。

本刊終於面市，與兩岸讀者見面，首先得「說明白講清楚」，爲甚麼要創辦本刊？好讓關心本刊的讀者與朋友了解、放心，企盼得到您的愛護支持。

壹、堅持並宣揚信念，非為賺錢

回答反對或持懷疑意見者，感謝他說出了「眞相」，台灣文化界有一則笑話，「要害一個人，就叫他去辦雜誌。」意思說辦雜誌「鐵定是虧本的行業」，這是絕對無利可圖的行業。這的確是文化界的眞相，事實如此。

是故，本刊創辦宗旨就不在賺錢，且參與工作的人都是義工，還要分攤雜誌印刷等成本費用。

有朋友也問「能維持多久？」的確，雖不爲賺錢，但沒錢也確實難以長存。爲解決這種困境，雜誌開有廣告版面、賣書、捐款、贊助印刷，及廣徵理念相同的人爲社委，期使本刊能長期經營，宣揚「中國學」理念（見本刊宗旨與展望）。

說到重點，不爲賺錢，到底爲何？答曰「信念」。甚麼信念？曰「堅持中國核心價值，宣揚中國學理念與信念」。面對二十一世紀，台灣不論那一黨派，國際上不論反中或愛中，對於崛起的中國，都需要去了解中國。中國學的「市場」愈來愈大（詳見「中國和平統一的機會來了」一文）。

本刊乘中國崛起之勢及統一契機，率先在台灣樹起中國學之大旗，宣揚中國學的核心價值。

貳、延續創辦人半生志業：轉成中國思想傳播

創辦人陳福成先生是一個「黃埔人」，他和兩岸許許多多的黃埔青年一樣，從少

年時代開投身黃埔，爲中國的統一、繁榮、獨立及現代化大業打拚，半生走來始終如一。儘管兩岸的黃埔人經半個世紀，甚至近百年努力，中國尚未達成上述目標，而創辦人陳福成也已是半百之人，且成爲「一介草民」。

創辦人反思、回顧，前半生所爲何事？一言以蔽之，曰「爲中國統一大業做出貢獻」，如今志業未成，人就退出「戰場」，實在可惜。所幸，中國正在崛起，並向統一之路傾斜，證明中國歷史發展法則有其「定律」性。正在這中國邁向統一的路途中，創辦人早已提筆爲槍，發表諸多中國學的「週邊產品」，不斷闡揚中國統一的必然性和必要性，如：

「解開兩岸十大弔詭」（黎明版）

「大陸政策與兩岸關係」（黎明版）

「國家安全概論」（幼獅、龍騰、台大版）

「國家安全與戰略關係」（時英版）

「五十不惑：一個軍校生的半生塵影」（時英版）

近十餘年來，創辦人不時鑽研中國人之歷史、政治、文化，發現中國歷史上的戰爭大多事「統獨之戰，即對統一的追求，對分離主義的反制，這是中國學的核心思維。

因此，陳先生再有中國學的核心產品問世，合稱「中國學四部曲」：

「中國歷代戰爭新詮」

「中國近代政黨發展研究」

「中國政治思想新詮」

「中國四大兵法家新詮」

四部曲共約百萬字，將由本刊在最短期間內出版，陳先生從一個提「槍」的黃埔人，延續轉成一個提「筆」的中國學思想傳播者，本質都仍是一個「黃埔人」。中國學博大精深，如今已成世界之「顯學」，陳福成先生以著作爲「磚」，創本刊爲「平台」，期能引更多中國學之「玉」，在本台展出，發揮思想傳播的影響力，同樣是爲中國統一大業作貢獻。

參、為革命老夥伴打氣，讓下一代接續「香煙」

創辦人陳福成先生半生戎馬，幾十年革命歷程中，與許多革命夥伴共同打拚過。然而，歲月不饒人，這些老哥、老弟、老同學、老長官、老同事、老朋友們，絕大多

數都已「解甲歸田」，只剩極少數有「發展」的仍在崗位上。解甲者，亦無「田」可耕，在做甚麼呢？打開名片簿，有保全、保險、殯葬、清潔、汽車、算命、建築、娛樂、教師，乃至開公司、搞直銷等等，各行各業，無奇不有。

以上革命夥伴們退下來之後，所從事的各種行業中，獨缺「文化事業」，故有本刊問世，期在文化事業上做些中國學的思想傳播。

創辦人常思考一個問題。我們這些老夥伴們，努力大半輩子，是不是就此「結束」了？應該不是。在台灣獨派執政下，刻意搞「去中國化」，當然我們知道中國化是去除不了的（歷史上的去中國化都歸敗亡）。但我們有必要以民間的力量，進行「反制」，透過文化事業的推展，讓以中國文化為內涵的中國學思想，向四面八方，向下一代宣揚，以接續香煙。

我們曾是革命尖兵，現在也可以是文化尖兵。

再來看看新一代的，他們可能正潛移默化的接下香煙，他們對中國崛起比我們老一輩的更「敏感」，才有百萬台商前進中國，加上妻子兒女，可能數百萬之衆投向中國，他們對中國文化必有「相當程度」的了解。這對中國統一是有利與有力的傾斜。

昔日的老夥伴們，不必氣餒，情勢日漸有利，你依然有可作為。這個可為也正是

本刊問世緣由之一。

本刊以中國學爲核心思維，延紳到舉凡與中國有關的歷史、文化、文學、藝術，及當代兩岸關係，與中國有關的國際關係。故本刊名「中國春秋」，其中的「春秋」二字即有「中國一貫道統的春秋大義」之義。合於春秋大義者，我們哀心禮贊；逆於春秋大義者，我們口誅筆伐之。

以上是本刊創辦的諸項緣由，望諸君了解，並能得到您的愛護支持，期待理念相同的人加盟本刊成爲「社委」，每年五千元年費是對本刊最大的支持。但願您的支持是居於公義、信念，是對自己理念的堅持，是對宣揚中國文化統一盡一份力，對中華文化的傳承盡一份心；而不是私情、私誼或面子等。

本刊全體工作同仁只有時間和金錢的付出，無權利可享，感謝所有愛護、支持本刊的所有人（社長陳福成主筆）。

中國統一的時機快到了

本社甫一創刊，就提出「中國統一的時機快到了」之觀點，若無足以服衆的理論基礎，豈不淪爲空話，就像一個人躲在金字塔中幻想。

對中外歷史發展有研究的人，都知道國家整合、統一及強權興衰，最關鍵且決定性的因素就是「力」（power）。這個力指的是國家有形力和無形力的總和，其內涵包括國家的國防、軍事、政治、經濟、文化、民心及精神力等，尚可細分成幾十項目，一般通稱「總體國力」。台灣地緣正位於中國和美日之間，必然受到這些強權的影響。（註：中國在歷史上大多能維持「亞洲盟主」的地位，日本在二戰前曾是強權，美國仍是今天世界超強）而目前決定台灣前途，只有兩股決定性力量：美國和中國。

壹、強權爭霸與台灣的命運

爲甚麼說決定台灣前途的，只有兩股決定性力量：美國和中國。言之下意，不包括台灣，許多「不承認自己是中國人的台灣人」一定氣炸了，「咱台灣已經出頭天，當然力量卡大天」。我先從歷史來解釋這個問題。

從鄭成功收回台灣後，台灣與中國在這三百多年間，有過的離合，固然有很複雜的政治或其他因素，卻依然逃不出「兩股力量的對決」而已。其一是中國興衰，二是侵略者的力量（主要是美、日）。當滿清政局穩定，國力壯大，而相對的鄭代東寧王國國力式微，台灣便回師中國（注意！即被統一，不論當時台民是否願意！）。

滿清收回台灣亦積極經營台灣，至一八八五年建台灣省，此後台灣成為中國的一個省份。滿清中葉以後國力又衰弱，甲午一戰論證當時日本國力大於中國，台灣只好又脫離中國，成為侵略者的殖民地（注意！不論台民是否願意，台灣都必須割讓日本）。

二戰後中國成為戰勝國，重新論證中國國力大於日本國力（註：當時中國物質戰力極低弱，但精神戰力極高盛，二者之和大過日本很多）。台灣又重回中國（注意！不論台民是否願意！台灣都必須回歸中國）。

從一九四九年至今，中國尚未統一台灣（或稱台灣回歸中國），決定性因素只是此期間，美國國力仍大於中國，故美國仍能掌控台灣，使台灣成為美國的國防前線。

從以上台灣三百餘年歷史看，台灣人從來沒有決定性力量，以決定自己的方向，或決定去留。因爲在強權之間，台灣的力量太微不足道，小到可以「省略」。這是台灣的宿命，幾可用下面的公式表達：

中國總體國力＞入侵者總體國力，台灣與中國「合」。

中國總體國力＜入侵者總體國力，台灣與中國「離」。

再以公式印證中外歷史，雖放諸四海皆準，但從中國近幾百年來與西方帝國主義的鬥爭，所牽動對台灣、朝鮮、安南等地區造成的變局，亦不脫上述公式之原則。惟「沒有永遠的強權」，決定台灣前途的兩股力量目前正在轉移，即美帝的衰落和中國的興起，這個轉移過程（結果）創造成中國統一的契機。

貳、美國帝國主義的衰落

美國帝國主義（簡稱「美帝」），可能有不少人認爲這樣稱美國，是一種情緒性的醜化或偏見。哈佛大學約翰甘迺迪政府學院人權實務教授、「卡爾人權政策中心」（Carr Center of Human Rights Policy）主任、Michael Ignatieff博士，在「美國帝國勢力的挑戰」（The Challenges of American Imperial Power）一文之研究，帝國不儘然需要殖民地，亦不須要藉由征服或侵略手段建立，美國之所以成爲帝國在於其掌控世界秩序。美國掌控世界秩序的手段主要藉軍事力量、外交資源與經濟資產，目的在確保美國的國家利益。所以，擁有帝國地位的美國人，堅稱自己國家不是帝國，美國就是這樣一個不是帝國的帝國（註①）。

但是，強大的美帝已顯現出衰落的徵候，在軍事、政治、經濟及文化上，都開始感受到古羅滅亡前的恐懼和威脅，尤其「九一一恐怖攻擊事件」以來，美國本土已經陷於內戰交火的狀態。反恐眞是愈反愈恐，反應在軍力上是其國防部正在擬撰的「四年一度國防檢討報告」，從「同時打兩場主要戰爭」，調整成「打一場傳統戰爭」。顯現美國戰力正在衰退，現有的戰力開始處於「疲於奔命」狀態。

軍力的衰退，源於支撐霸權最關鍵的基石——經濟力的減弱。二〇〇四年美國的全年貿易逆差創了歷史新高，達六千一百億美元，巨大的赤字持續惡化，過去五年國防支出累計達一兆九千四百億美元，仍不能得到安全。正如「美國商業周刊」所描繪

的，美國的進出口產口結構越來越像第三世界國家，而美國最大的貿易入超國（中國大陸）則越來越像一個發達的國家。「中國製造」的產品，如潮水般湧入美國，結果將使美國產業空洞化。經濟力持續衰退，深層的意涵是整個帝國根基正日益鬆動，且無可挽回。

正當美帝根基日益鬆動，全球絕大多數國家都認爲美國的反恐，只會讓世界變得更危險。而更離奇的，全世界絕大多數國家已開始認定美國的「侵略性」，在一項全球普遍的調查中，各主要國家喜歡中國大陸的程度已遠遠領先美國。其差異比數，在巴基斯坦是七九對廿三，印尼是七三對三八，英國六五對五五，俄國六〇對五二，法國五八對四三，西班牙五七對四一，荷蘭五六對四五，德國四六對四一（註②）。美國不僅國力在衰退，全世界對美國人的厭惡感點愈高漲。

英美反恐的本質，在維護其霸權利益，同時利用民主和人權爲工具，企圖使「全球基督化」，尤其要使伊斯蘭世界產生「質變」（美其名曰「民主化」），必叫伊斯蘭全面臣服與受控。爲達此目標，美帝使出武力戰、政治戰、經濟，乃至壓迫性的恐怖統治，全球監控與刑求逼供的手段。美帝反恐，目前處於「掙扎」狀態，如同古羅馬帝國，走上衰落之路，便難以回頭。

當美帝衰落、垮台，勢力便要退出亞洲，當她無力掌控韓、日、台，那時兩岸……

參、儒家中國的崛起與國家統一

相對於美帝的衰落，正是中國的崛起。中國自古便是世界大國，國家每隔「一定期間」有興衰之循環，本來是不足怪，這也是一種「自然法則」。中國經二百年之衰，兩岸經數十年之穩定（未爆發大型戰爭），及大陸二十多年的改革開放，中國的總體國力快速復甦，原來是自然之道。只是相對的衰落者（美帝）內心恐懼，深怕利益流失，乃創造出「中國威脅論」，到處恐嚇各國，說中國強大後會侵略他國。

美帝的心態是以「略奪者之心度君子之腹」，又不懂東西方文化的本質，西方是一種「霸權文化」，中國是以儒家思想爲主流的「王道文化」。本文以下將說明，同是邁向強國之路，中國向世界「輸出」了甚麼?中國和美帝的「輸出品」有甚麼不同?

有關中國的崛起，其國防軍事力量現代化如何?經濟力量又如何?已是目前世界之顯，研究「中國學」已形成世界風潮，相關論文、著作或調查報告，眞是汗牛充棟。故本文亦不趕熱鬧做這方面論述，只從文化上說明中國向世界「輸出」了甚麼?

中國爲配合全球掀起的漢語熱，大陸的「漢語水平考試」（HSK-Hanyu Shuiping Kaoshi 的羅馬拚音縮寫），除在大陸每年舉行兩次外，已經在全球三十三個國家，設有一百五十多個考場，考生超過五十萬人次。歐美許多大學、大企業，都普設「中文班」，可見目前中文在世界各地受歡迎的程度。台積電張忠謀在一場國際招商會議的高峰論壇上，曾以「中文優勢論」詮釋之。

爲推廣中華文化，大陸正計畫在全球開辦一百所孔子學院。二〇〇四年十一月，中國一所海外孔子學院在韓國漢城（首爾）成立；二〇〇五年三月，在美國第一所孔子學院在馬里蘭大學成立。更早在一九九三年的「全球倫理宣言」，已提到中國孔子「己所不欲，勿施於人」的精神，認爲要解決全球各地的國家、種族、宗教及文化上的衝突，要回首兩千五百年，向孔子取經。

以上這些事實，說明中國邁向強國之路，是向世界輸出一種「己所不欲，勿施於人」的儒家文化。未來，強大的中國是一個以儒家文化爲內涵的民族國家，己所不欲，勿施於他國。完全不同於英美帝國主義，把美式民主，人權當成普世推展霸權文化的工具，日本因「脫亞入歐」，也受到西方帝國及資本主義毒害，實乃亞洲之不幸！

美帝的衰落，中國的崛起，形勢已定，大勢所趨，必水到渠成，正是所謂「形勢比人強」。在中國大陸已通過「反分裂法」，此舉在反制美帝的「台灣關係法」，並對台灣島內獨派準備一副「虎頭鍘」備用，如今台獨執政者只好公開宣佈「台獨是不可能的事」；而在野的藍營，則在連宋訪問大陸後，達成歷史性的政黨和解，並積極安排未來雙方的兩岸交流活動。

肆、代結語——中國統一的時機快到了

中國統一是廿一世紀重大的政治工程，目前「工程進度」正隨著美帝衰落、中國崛起、兩岸情勢、台灣島內統獨消漲等形勢，感受到統一時機快成熟了。光是這麼，許多人一定已經耐不住性子要問「到底甚麼時候會統一？」看專家怎麼說，在譚門（Ronald L. Tammen）等著「權力對移：廿一世紀的戰略」（Power Transitions: Strategies for the 21 Century）一書這麼認為，問題不是中國是否將成為全球最強大的國家，而是要花多久的時間達到此一地位……至少在廿世紀結束前，甚至更長的時間，美國仍將持續維持世界領導的地位，但最終此一地位將轉讓給中國（註③）。

近年國內外諸多針對此一問題的學術研究，一般認為在廿一世紀前美帝仍能維持

領導地位，而到二〇五〇年左右，中國的總體國力才超越美帝，這並不是說中國到二〇五〇年才能完全國家統一。行家都知道，所謂「權力轉移」或世界領導地位的轉讓，是一個長期過程。在這過程中，中國由弱趨強，當強大到一定「程度」，「統一機制」便啓動了，其實北京的「反分裂法」就是啓動了統一機制。不論美帝或台灣，必受制於統一機制，兩岸不斷向統一之路前進，現在已經上路了。快則十幾年，慢則二十幾年，兩岸必完成統一，故本文說「中國統一的時間快到了。」

惟主客觀世界皆無常，國際情勢變化萬端，誰知道廿一世紀開始就爆出「九一一事件」。研究美帝目前情勢，與伊斯蘭世界的鬥爭必將加劇、惡化，「倫敦爆炸案只是新的開始」。中國面對此一情勢，應知古代「削魏強齊」之策，勿忘小平同志所言「不要太早把頭伸出來」，加緊各項建設，醞釀統一氣氛，則前面所提的「統一時間表」還會走得更快。

筆者除闡揚「中國統一的時機快到了」，更呼籲老夥伴、老朋友及識或不識的讀者們，在中國統一的進程上，您，不要缺席，盡一份力或一份心都行。

註釋

①該文中文，黃文啓譯，國防譯粹（台北：國防部史政編譯室，九十二年十二月，第三十卷第十二期），頁七四——八四。

②南方朔，「每個石頭底下都躲著恐怖份子」，中國時報，九十四年七月十一日，第四版。

③見國防譯粹（台北：國防部史政編譯室，九十三年二月，第三十一卷第二期），封底資料說明。

當前兩岸情勢及島內藍綠陣營戰略態勢講評

壹、前言——打破五十年舊框架，新結構的出現

兩岸關係拖了半個多世紀，其間雖諸多峰迴路轉，但始終無法改變基本結構。從「中美共同防禦條約」時期，到「台灣關係法」時代，似有不同，實則結構性問題並未改變，台灣的角色都是美國的「第一線衛兵」，必須日夜不停「站衛兵」，其功能只是「圍堵」中國。所不同者，共同防禦時期叫「硬圍堵」，之後叫「軟圍堵」，其實「大同」而小異也。基本結構沒有明顯位移，戰略態勢就不會改變。

但是，二〇〇四年綠營「三一九自導自演案」篡奪國柄成功，一年多來，「意外」的改變台灣島內、兩岸及國際情勢，造成上述基本結構的改變，整個戰略態勢也隨之產生變化。雖說「三一九事件」的獨派執政，本質上仍屬非法政權，卻創造了兩岸目前的「新局面」，有趣也有利。

貳、「三一九事件」講評與「新結構」的形成

「三一九事件」形成的基本原因，還是要追至藍綠兩陣營的本質和背景。綠營人馬把隔日（三月二十日）的大選，當成一場「戰爭」，大家知道既然是戰爭就沒有所謂「民主遊戲規則」，當然就可以不顧「社會正義」或責任問題。戰爭可以欺騙（即欺敵），可以造假（誤敵），也就是利用各種手段欺騙天下，一切作為都以奪得大位為唯一考量。如此一來，綠營「用兵」就能天馬行空、無中生有、瞞天過海、瞞心昧己。就「戰爭」而言，這些都是可以合法使用的，因為戰爭或在戰場上，本來就不能講「良心」或誠信等問題，而是以致勝為唯一追求的目標。準此而言，綠營人馬是成功的，其用兵合乎「六韜三略」之戰略原則，應予嘉評。

反觀當時的藍營，說乖、誠實、天真都可以，也可以說就真的抱著「穩定社會與政局的責任」，眞的把大選當成一場「民主遊戲」，遵守所有民主法治規則，再加上

一些「社會道義」責任也一肩扛起。在任何民主法治國家，這原是正確的做法，因爲雙方都遵守同樣的遊戲規則，才叫公正公平。

諸君想想，兩軍正要對決，中其一方就用手拷腳鐐把自己手腳鎖住，又用許多繩索把自己脖力緊緊纏住，這不是中了敵計，便是指揮階層「怕呆怕呆」誤判情勢。戰爭的結果是可想而知的，綠營攫奪一切戰果和利益，而藍營則丟了原本可以拿回的江山。勝敗乃兵家常事，原無足掛齒，只是勝要公平，敗要光榮。惟此役，綠營勝而不光榮，藍營則敗得太窩囊。

綠營雖攫取戰果，仍免不了受到中國正統思想批判，在歷史上成爲「竊國者」或「篡位者」，這是綠營人馬最難「翻身」的地方。或假以時日，「深喉嚨」現身，成爲「三一九自導自演」的直接證據，雖事過境遷，也是很難堪的。而藍營方面，雖輸得一無所有，若二〇〇八仍然不起，大不了像阿斗的「蜀漢」或鄭氏南明，維持一個「正統中國」，還是受到歷史的肯定。

無論如何！「新結構」在「三一九」後這一年多，漸漸形成。包括台灣島內藍綠陣營鬥爭、執政的獨派對台灣路線的試探、中共通過「反分裂法」、藍營各政黨領導人相繼訪問中國，完成半世紀以來的「紀藍」大和解與「聯合陣綠」，「三一九」對美國也產生一些效應。以下分三個層次分析，以了解新結構的過程、內涵與現狀。

參、新結構的過程、內涵與戰略態勢評析

「三一九」後兩岸形成的新結構，仍不脫國際強權、地緣戰略反兩岸歷史文化的大框架，也受此大框架規範。所以，所謂「新結構」，其內涵實包含島內的「小結構」、兩岸的「中結構」及國際的「大結構」。而此三層次中，小結構和大結構正「日愈鬆動」，而兩岸「中結構」則日愈強固，均不斷向中國傾斜。

一、島內「小結構」：藍綠鬥爭與戰略態勢

台灣島內一年多來的藍綠鬥爭，綠營站了上風，執政掌控一切利益和勢力是原因；藍營則因不能團結一致，分不清敵我關係，加上沒有資源（尤其司法、監察、政治、行政等資源受制於執政的獨派）。兩陣營鬥爭結果，綠營以「扁宋會」爲「和解」之假相，完成裂解泛藍的目標。證明「宋楚瑜路線」是錯誤的，統獨問題沒有完全解決前，藍綠是「敵我」關係，誰先和解誰就輸。結局雖如此，雙方戰略態勢仍有利弊：

㈠綠營戰略態勢的利弊：

1. 執政利於掌控資源，壯大其組織。
2. 持續裂解泛藍，如裂解王馬等。
3. 有機會台獨路線進行「實證」。
4. 可能使「紅藍」加速結盟，對獨派不利。
5. 承受美國和中國更大壓力，也是不利。

㈡藍營戰略態勢的利弊：

1. 大好江山丟了拿不回來，自是天大之弊。
2. 但休戰太久，藉機反省如何打仗也是利。
3. 資源可能再流失、遭瓜分而不利未來選戰。
4. 有機會「紅藍」結合自是有利。
5. 也可能使藍營激出危機感進而完成整合。

綜合島內「小結構」，藍綠鬥爭到目前的戰略態勢，雖各有利弊，但除執政之利多外，餘大多是相對的。例如綠色執政向台獨之路邁進之際，才終於領悟到台獨之路不可行。陳水扁終於說出「台獨做不到」、「中華民國是最大公約數」，這不是藍營所想要嗎？這種話由阿扁說出來，人民（尤其許多台獨份子）多少聽得進去，若由藍營領導人說出來，便有許多人聽不進去。由此觀之，反而對藍營有利，且為人民之福。準此推論，未來兩岸統合或統一工程，綠營搞起來可能更「方便」，藍營可能「不方便」做了。

二、兩岸「中結構」：紅藍聯合後的戰略態勢

兩岸「中結構」的形成，在「反分裂法」通過之後，此舉美國或台灣執政者均無力阻止。接著是泛藍各領導分別訪問中國，不僅完成政黨和解，也把「紅、藍、綠」推向更「結構化」的程度，今後紅藍聯合制綠已經定型。惟三方面在戰略態勢上，仍各有利弊：

㈠綠營戰略態勢的利弊：

1. 面對紅藍聯合圍攻，承受更大壓力之弊。
2. 若美、日國際情勢不利，綠營更加孤立。
3. 被迫上了談判桌依然有利可圖。
4. 兩岸關係可主動出擊，比藍營有利。

5. 加速「國民黨化」是綠營的危機。

㈡藍營戰略態勢的利弊：

1. 紅藍結合成一股力量，加速制壓綠營。
2. 在野之身方便兩岸交流，鞏固兩岸民間關係。
3. 「訪中」向美國示意，藍營就是反分裂的。
4. 對泛藍整合有利。
5. 紅藍結合不小心可能演出「賣台劇」。

㈢中國戰略態勢的利弊：

1. 紅藍和解完成，多了泛藍一群朋友。
2. 孤立島內獨派，將使台獨加速式微消亡。
3. 可使藍營「代理」執行所要政策。
4. 亦可經由藍營正確了解台灣。
5. 加速兩岸交流、整合，邁向國家統一。
6. 對美、日已產生制衡力量。
7. 但美日也可能更緊密結合以圍堵中國。

綜合兩岸「中結構」的戰略態勢，對中國最有利，泛藍次之，綠營最不利。整體而言，對中國統一是有利的。前面說過，小結構和大結構都日愈鬆動，唯中結構日愈強固，未來中結構的力量將大於大結構，而成爲「新的大結構」。

肆、總結——「新的大結構」：一個統一的現代中國

就物體結構而言，局部性的一個「小結構」變化，不太有機會改變整體的大結構。即是說，台灣一個彈丸之地上所發生的「三一九烏龍案」，根本不可能改變當前國際強權之結構。本文雖區分大、中、小三層次結構，只爲分析方便，實則三個次的結構已被中國「椎」在同一架構內，這是「一個中國」機制已經被啓動的原因，小小的台灣有何能耐可以掙脫？經濟或政治學家稱這種由中國大陸產

讀許倬雲「日本的興衰一八九五——一九四五——二〇〇五」有感

——一個東方近代從自卑、膨脹、迷失到衰落的國家

中國時報九十四年八月一日，有許倬雲先生的這篇文章「日本的興衰」，深有所感，亦有所憂，提筆說幾句話。

日本在我國唐代時派很多「遣唐使」，到中國學習中華文化，可惜學的不太像，後來又「變質」了。明治維新前已知西方物質文明的厲害，決新「脫亞入歐」，明治維新就是全盤西化的過程。其實學習西方物質科技文明並無不好，只是日本不僅全盤否定了東方，更否定了自己是東方的一員，這就很悲哀、可憐了。

爲何？這情形像一個小孩出生在一個沒落的大家族，充滿自卑感，就乾脆脫離這家族，到富有的家族當「義子」，甚至後來連姓都不要了，跟著富家的姓，可惜富家承認他是富家的一員。於是，他失根了，他成了飄泊的靈。這便是許倬雲先生所說日本沒有自己的文化，全是模仿別國文化，日本便迷失在東方與西方之間。其實日本文化界學者也為本身沒有文化傷腦筋，自己沒有文化，就只能是別國的「棋子」或「複製品」。

又為何？日本有機會興起，是因為英國的「輔導」（大戰略），扶植日本來牽制俄國的力量。二戰後日本又成為美國在亞洲的棋子，用來圍堵中國。所以許倬雲先生說，至今日本仍扮演西方哨兵的角色。說來日本也真行，他們學習西方帝國主義，比西方更帝國主義，成了掠奪者、暴力狂和屠殺狂，且成為「習慣」。大家可能只記得「南京大屠殺」，其實在中國各地、台灣、朝鮮、南洋、中南半島各國，日軍每到一處就有大屠殺。慘啊！當年，悲啊！大家都忘了。「忘了，就是二次屠殺」，「南京大屠殺」一書的作者張純如小姐這樣說，事實也是，所以中國人千萬不能忘記。

日本確實一度繁榮富有，這是向西方學習物質文明的結果，但有錢了就可以不承認自己是東方人，否認自己是亞洲人嗎？當起西方鷹犬的爪牙，一個個侵略鄰國。真想不通日本是甚麼物種！

在二十世紀的下半葉，西方資本主義、帝國霸權、物質文明都到了極限，亦不能解決戰爭動亂問題，人性物化也到了極點，造成「西方的沒落」，日本當然也跟著衰

落。日本社會空虛失根的結果，舉國上下不知道「我是誰？」自殺率長期居全球之冠。

「不知道我是誰？」就不會自我反省，其實日本就是一個「沒有反省能力和智慧的民族」。四百多年來，日本在亞洲發動過三次以侵略中國爲目標的大型戰爭，明萬曆朝鮮七年戰爭、清末甲午戰爭及民國的中日八年之戰，其他還多呢！日本人何時反省？

我國元朝把日本列爲「不征」對象，顯然錯誤。今天日本衰落了，未來再起必又侵略鄰國，「日本問題」是亞洲永遠的惡夢！

民進黨被人民唾棄另有根本原因

——兼向泛藍進一忠言

公元二〇〇五年底，台灣地區的一場「三合一」選舉。執政的民進黨可以用「慘敗」形容，各大報則以「被人民唾棄」或「人民在教訓陳水扁」等字樣，來解讀這次選舉的民意和民心動向。本來嘛，一個執政才五年的政黨，如此快速沉淪成一個「腐敗貪污政黨」、「洗錢政黨」、「假民營化之名幹五鬼搬運錢的政黨」，尤其還是一個「非法政權」，這個下場其實是「歷史的必然」。

爲甚麼說是一個「歷史的必然」？因爲在中國歷史上，凡是靠操作分離意識，企圖形成地方永久割據的政權，其「存活率」或「生命期」都不長久。史例太多了，凡是讀過一點中國史的人都知道這個常識，這也是本文所要論述的核心思維。

民進黨選舉慘敗後，藍綠兩陣營、學者專家、媒體等不斷有評論和檢討，筆者仔細檢閱各方分析，可惜都只涉到一些「表面原因」或「間接原因」；更直接的「根本原因」或「本質問題」，各方均尚未論及，泛藍亦尙未徹底「覺悟」。本文論此本質

原因，兼向泛藍進一忠言。

一、中國歷史發展的定律和核心思維

歷史發展本有分合起落，這是自然法則。惟像中國這樣五千年來，都能不斷持續、輪迴這樣幾乎是「按時」的分合，在世界各文明古國中，還是「唯一的存在」實例。中國歷史的發展可以用「不斷追求統一」，以完成「大一統」狀態來詮釋整個過程。當大一統持續一段時間（通常百餘年到兩百年間），因內部腐化而開始分裂，形成許多獨立的地方政權，但各方仍繼續追求統一（乃天命，自動形成的力量，企圖分離割據或消極不追求統一，會被視爲「非法政權」，成爲被征伐的對象。）在這種統一↓分離↓統一的過程中，整個中國大地上，從核心、邊緣到海外，形成下列的「流動」現象，也是自然現象。

當中原因戰爭、動亂或其他理由，而導致衰弱與消沉時，則人才資金財物乃至帥哥美女，開始流向邊緣或更遠的海外。

當中原和平、安全或其他理由，而導致繁榮與興盛時，則人才資金財物乃至帥哥美女，又從邊緣或海外流回中原（中國）。

在此一長期流動分合的過程中，有一個核心價值始終扮演重要「推力」，便是「仁政」思想。任何統治者及其政權只要能「抓住」並體現仁政，就能得到中國子民支持，而長期維持政權與統治地位；反之，偏離仁政太遠，表示向非法及腐敗政權靠的愈來愈近了，很快就被人民唾棄或革命推翻。有人會問「何謂仁政？」這是孔孟儒家的核心思想，如果想「看」的具體些，最近媒體討論的「馬英九現象」和「蔣經國精神」，可以算是有些仁政的內涵。因而一個受人懷念，一個成為偶像，可以得到最多人民的支持。維持統一和施行仁政便是中國歷史中的核心價值，偏離這種價值會受到中國歷史、中華子民，乃至所有華人的唾棄，導致政權垮台，後果嚴重。

二、偏離統一和仁政核心價值的後果

「統一」和「仁政」在西方國家發展過程，二者未必有關係，但在中國從古至今

都有緊密關係，包括因果關係和功能關係都存在。從史實來觀察，漢、唐、宋、明、滿清等朝代前半葉，國家強盛統一，社會安定繁榮，史家大多認爲仁政思想落實是重要原因，尤以漢、唐、滿清的前半段爲史家稱道。但中葉以後，大一統局面日漸不能維持，也日愈面臨分裂、腐敗的困局。終因不行仁政，被人民唾棄，最後朝代結束了，被另一個新政權取代，歷史不斷驗證核心價值存在極大力量，這是一股「春秋大義」的力量。

爲甚麼說「統一和仁政」思想會產生「春秋大義」的巨大力量，這是中國特有的歷史文化傳統所形成，其實是同一「思想體系」的多面向。這種力量大過有形的軍事力量，一般人誤以爲只有國防軍事才有「力量」，而未知「統一、仁政、春秋大義」在中國，有如宇黑洞那樣幾近「無限大」的吸力，不可抗拒。

若強行抗拒整合統一，也等於違反春秋大義，這樣的政權就是「非法政權」，歷史上稱「賊」。一個「賊政權」可能長期存在嗎？當然是絕無可能，只有可能短暫的存在。即然是短暫的存在，則那些「非法政權」的領導階層，個個心知肚明，政權「撐」不了多久，都抱著抄短線的投機心態。這樣的政權會行「仁政」嗎？也是絕無可能的事。偏離了統一、仁政和春秋大義的核心價值，政權垮台（被統一）是最後的結果。

三、偏離整合統一、仁政和春秋大義的政治現象

從形式上看，一九四九年以後在台灣的國民黨政權，和二〇〇〇年以來的民進黨政權，兩者都舉中華民國招牌，事實上都已是中國的地方政權。但本質上，國民黨政權在思想上高舉春秋大義，政策上堅持統一，施政上考量人民利益，因而得到普遍支持才有機會創造台灣「經濟奇蹟」，到二〇〇〇年國民黨下台時，台灣平均國民所得是一萬一千美元。雖有「威權或專制」的批評，國民黨政府官員也有推行「仁政」眞意。所以，國民黨時代仍是一個「中國式」政權，當時的兩岸領導人和一般百姓，有「台灣不搞獨立」的共識，大家都是中國人，何必打的你死我活呢？

二〇〇〇年後的民進黨政府就不同了，舉中華民國招牌只是策略運用，所以此時的中華民國是「虛有其表」。那麼民進黨這票人想幹甚麼？表面上搞台獨，實際上不敢也不能，更不想，所以李敖說台獨是搞「假的」，每個獨派人士（包括漢奸李登輝）都心知肚明，搞台獨是死路一條，連阿扁也說不可能的事。所以，民進黨政府的中華

民國眞的甚麼都不是，一群政客爲謀暫時利益，抗拒整合統一的潮流大勢，短命政權也不會有「仁政」思維，在思想上違背春秋大義。這種政權或政黨的領導人，領導階層的政治人物和周邊附從謀利者，與他們所經營出來的政局，都呈現下列現象：

㈠不斷操作各種對立，包括族群對立、意識形態對立、「中國化」與「去中國化」對立，乃至無中生出一種「台灣民族主義」以對立中華民族主義，激化其基本教義派。凡此無非爲了謀利，謀取幾個「位置」，結果便是政局動盪，社會動亂，內部分裂。

㈡內外都經常性處於「戰爭邊緣」，因內外都處於對立狀態，兩岸也就經常處於戰爭狀態。例如，李登輝、陳水扁操弄「兩國論」、「一邊一國」等，都造成台海危機，險些引爆戰爭，眼見戰火即將漫燒，又「龜縮」回來。如此玩弄，國力不斷損失、空轉、衰落。

㈢對立和「準戰爭」長久持續，加上中國興起的「磁石效應」，台灣地區的人才、資金、產業，乃至於各種金銀財寶或帥哥美女，，紛紛「回流」中原。這原是自然趨勢，但分離主義者逆勢操作，惟愈是抗拒，自傷癒重，終至整個國家社會人心腐化、崩解，人人都在喊救命。

㈣分離主義政權是一種暫時、投機和短命政權，反映在從政人員的心態上就是「乘機海撈一把」。這種心態在歷朝歷代亡國前數十年，如唐、宋、元、明到滿清末年，乃至民初內亂時期的政治人物皆如此。大家知道不一定有明天，能坐上一個「位置」是天上掉下來的機會，而且此生可能只有一次機會。於是你看那總統、部長、委員、秘書、顧問等人抓住機會狠幹：

A.能吃的吃，能呑的呑，鯨呑蠶食，多管齊下。

B.吃不動的，呑不下的，用搬的，明搬暗搬配合。

C.明搬暗搬都不行，使出五鬼搬運，非搬走不可。

D.自己吃拿搬還不夠，叫妻女、親友、情人來搬。

這就是民進黨五年貪污腐敗的速度，超過國民黨的五十年的原因，貪污、腐敗和無能成為獨派執政五年給人民最深刻的印象。民進黨以非法手段取得政權，原是非法政權，加上貪污腐敗也失去執政的合法性，被人民唾棄也是自然而合理的事。

末了，再強調本文主旨。民進黨之被人民唾棄各界所述，都未指出問題核心。其逆勢操作抗拒整合統一，分離主義政權的「短線」心態不會有仁政思維，故不合全民利益，又大大違背春秋大義。所以，那是一個沒有明天的政權。泛藍應以此為鑑，並

向泛藍陣營進一忠言，整合統一回歸中國、仁政思維並堅守春秋大義，是泛藍的力量和財寶泉源。這也是台灣唯一可走，有尊嚴、有繁榮的光明大道。

教育部長杜正勝硬幹「去中國化」

——致兩大在野黨主席

教育部長杜正勝吃了秤錘鐵了心，硬幹「去中國化」到底，他如何幹？他沒有親自幹，他透過國立編譯館幹，國立編譯館也沒有親自幹，組成一批所謂「教科書審查委員會」去幹。如何硬幹？各出版社送審的教科書（高中職以下），凡合台獨思維的課本才通過，不合者一律以各種理由不斷拖延，反正就是不通過。

當然，杜部長也有壓力，他要執行民進黨的政策，才能保住烏紗帽。但他也應知自己是全國知識份子的大家長，應該是「時代良心中的良心」，不該幹這種違背國家民族和全民利益的事。爲保住位置出賣良心是無恥的勾當，將成爲千秋萬世的罪人，杜部長不清楚嗎？很清楚，還要硬幹。爲此，只好用這個方式向國民黨主席馬英九先生、親民黨主席宋楚瑜先生陳情，籲請泛藍全體民意代表，在議會中阻止杜正勝先生硬幹「去中國化」，以維護國家民族的長遠利益。同時筆者把教育部硬幹「去中國化」的重要範圍，條陳如下，以利各方理解和參考。

一、「中華民國在台灣有土地、人民、主權和政府，所以台灣是一個主權獨立的國家。」放教科書中

這種玩文字遊戲的「弔詭」論述，當成競選口水到處亂灑也就算了。放在教科書中眞是禍害下一代，製造兩岸更多誤解、分裂、動亂，乃至戰爭。但審查委員諸公皆如此心態，出版社和作者都無可奈何！

二、「兩岸有共同的歷史文化、生活信仰、共同的生活空間」等論述，全都要刪除

兩岸有共同的歷史文化，共同的生活信仰（民間多神信仰），同是中華子民。審查委員要求把這些論述全部刪除，要寫出「台灣文化」不同於中華文化，把兩者區隔開來，這是搞「文化台獨」。

三、堅持「蒙古人統治中國的元朝時期，中國是不存在的。」審查委員這樣堅持

那麼，請問滿清時代，中國存在嗎？民國以來中國存在否？筆者同意各方有言論自由，但無必要把這種論述定爲「鐵律」，要求出版社和作者必須照寫，超出「審查」

範圍，等於把審查權無限上綱了。

四、否認「古來南海就是中國領土」，而且古來也沒有「中國」這個「名詞」

這也太荒唐了，南海本來就是中國領土，數十年來內政部印的地圖，教育部出版的教科書，及交通部印的各地區郵遞區號都列有東沙、南沙等南海諸島。高中生都知道我國領土範圍南到南海曾母暗沙，爲甚麼教育部和國立編譯館的委員要否認，口氣如同李登輝說釣魚台不是我國領土，叫人不解。只能說我們不懂賣國賊心中所想！

至於說古來就沒有「中國」這個「名詞」，只能說這些委員中毒太深，否認了列祖列宗。但無論如何這種字眼要怎樣放入教科書中呢？不是散佈「毒素」嗎？

五、公然要求出版商和作者，要把美國和日本寫成台灣的「同盟國」。把中國寫成一隻「大野狼」

筆者不清楚那些審查委員爲何如此要求？但我很清楚如此寫必造成兩岸更多對立和誤解，對台灣反而更不安全，也不合事實。全世界的人才美女都前進中國，林志玲等大牌也到中國打拼，他們是和大野狼打交道嗎？

還有，美、日和我國連邦交都沒有，何來「同盟國」關係？有「同盟條約」嗎？沒知識也得有常識。搞「去中國化」到如此瘋狂地步，也是神奇。

六、凡有「國家整合」、「統一」等字樣都要刪除

這些委員過度敏感，看到「國家整合」便聯想到兩岸要整合統一。他們否認兩岸有整合統一的必要，認爲兩岸是各自獨立的國家，筆者理解他們有此看法的背景，但沒有必要用政治壓迫寫入教科書，嚴重干涉作家的寫作思維。

七、認定中國發展軍備是要「侵略」台灣，而美國攻打阿富汗和伊拉克是和平天使，是伊斯蘭的救星

這種一廂情願的說法也太扯了，簡直是「神話」。筆者以爲人人都有思想言論自由，但不能把這種「偏見」寫入教科書。當然委員們不會直接說把這種觀點寫入教科書，但出版商和作家若不照寫，教科書便硬是過不了關，簡直荒唐之極。

以上是教育部偷偷摸摸、無聲無息的硬幹「去中國化」，即「文化台獨化」，不過舉其大端，其他還有。期盼國民黨馬主席、親民黨宋主席及全體泛藍注意問題的嚴

重性。在立法院組成調查委員會，調查教育部硬幹許多「去中國化」的細節，防止毒素散佈下一代。

立法院在二〇〇五年元月通過全民國防教育法，依本法，國中、國小每月有兩小時宣導全民國防，其內容包括國際情勢、國防政策、全民國防、防衛動員、國防科技等五大部分。這些內容的論述，不可能不涉及兩岸問題，即與本文所述每項都有關係。若泛藍不正視這個問題，任由教育部硬幹，出版商根本無招架之力，只好照辦。以後的國小、國中、高中、高職課本便充斥著「台獨思想」，禍害無窮。

筆者一介書生，小老百姓，不忍中華民國教育部竟成「台獨大本營」，成為「去中國化」黑手，而泛藍兩大黨主席都還不知道，泛藍民意代表也尚未察覺，任由教育部硬幹到底。乃有本文提出，是呼籲，也是陳情。「三合一選舉」民進黨慘敗，表示民進黨政策錯誤，「去中國化」不合全民利益。反之，表示人民支持泛藍政策，若不阻止教育部硬幹「去中國化」，則是泛藍民意代表的失職，希望泛藍團結合一動起來！

從「美國問題、日本問題、台灣問題」談起

題目註：幾個關心中國統一大業的朋友，二〇〇五年終前相約在「台大咖啡廳」聚會，聊起本問題。事後整理補充成這篇問答式文章，希望做爲下面幾期的討論重點

問：二〇〇五年九月以來，國際政治最熱門的話題，是美國在歐洲的孤立，在亞洲的被邊緣化，且被批成「恐怖主義國家」。更離奇的，據聯合國的調查，美國面臨嚴重的貧窮問題，還有內部黑白不平等可能產生的動亂。更嚴重的，美國越來越不行了，阿拉伯世界揚言消滅以色列，而其基本教義派揚言消滅美國。看這情形，美國似乎快不行了吧？

答：從十一月的亞太經合會（APEC）在南韓釜山舉行的實況觀察，美國在亞洲確實已被邊緣化，全世界一片中國熱。此外，美國在全世界的形象中，也認爲衰落已不能避免。

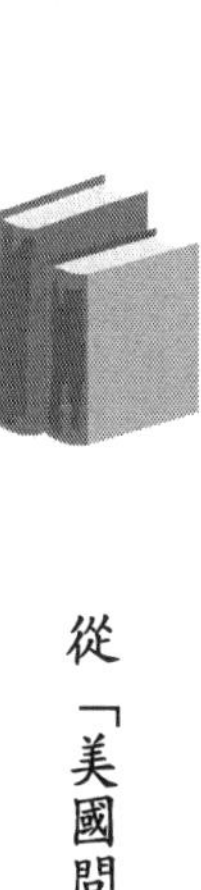

廿一世紀全球最大的預測，也是廿一世紀最大的世界局勢判斷，便是美國之衰落和中國的崛起，已是不能回頭且大勢必趨的轉移。許多美國政治學者恐懼國家之衰落，乃創造出「中國威脅論」，企圖聯合團結西方資本主義國家，抗衡並圍剿中國，如杭廷頓（Samuel P. Huntington）。但中國的總體國力要超越美國，則是大約三十年後的事。眼前美國頭痛的事，在恐怖與孤立兩方面。

「恐怖」來自美國成爲一個新帝國主義者，力圖全球「美國化」。如此，英美資本主義世界和伊斯蘭世界形成對決，這同時也是基督世界和阿拉世界的對決。阿拉子民無力對付超強美帝，只好採取恐怖攻擊，這是不同文明和文化間的?爭，美國將在本世紀內因這種?爭而耗損大部國力。

「孤立」來自全球各國對美國帝國主義式的「文化霸權」的覺悟。目前歐洲只剩英國勉強追隨美國，整個歐洲對「美國霸權」都不能認同。二零零五年十月二十日，聯合國以壓倒性多數通過限制美國文化侵略和美式民主氾濫漫延的條約，一百五十四個參與投票的國家和地區，有一百四十八票贊成的「保護暨促進文化表達多樣化公約」，四票棄權，美國和以色列反對。

正當美國面臨恐怖和孤立之際，其內部黑白間的不平等，也因帝國無力解決內部

危機（重大災害）再度浮現。事實上黑白不平等是美國建國兩百多年，無解的習題，光在憲法規定沒有用。但亦可解，圖示最清楚：

美國黑白平等間的「可能」與「不可能」示意圖

一個美國

白人 —平等？— 黑人

不可能，做不到

黑人美國　白人美國

國家 —平等？— 國家

有可能，做的到

說明：白種人天生有「優越感」，故同一國內要求黑白平等是做不到的，分成兩國，從國與國之間的平等做起，才有可能得到平等對待。

如圖所示，美國黑人想得眞平等只有獨立一途。事實上這也是解決世界亂源方法之一，冷戰時代美國穩定世局有功，如今被全世界的人厭惡，在一項普遍性調查中，各國對美國的厭惡平均高達七成以上，對中國的愛好則超過美國許多。連美國「後院」的委內瑞拉也起來「大義滅鄰」，總統查維茲指控美國的帝國主義行徑，強調美國的資本主義，帝國主義模式是開發中國家經濟被剝削、全球環境受到摧殘的元兇。強調

世界上不須要帝國主義和資本主義，只須要社會主義。（九十四年十一月三日聯合報，A14版）

隨著美國之衰，最危險的是以色列，阿拉伯世界無時無刻不想消滅以色列猶太人。屆時以色列只好再度移民中國，世界雖大，只有中國可以容納猶太人。二戰時希特勒大量屠殺猶太人，當時已計畫把大批猶太人移民中國，因內戰而作罷。儒家文化尊重不同的宗教信仰和不同文明的生活方式。

問：美國一向被視爲人間天堂，全世界最有錢的國家，爲甚麼現在冒出一個「貧窮問題」？有甚麼根據？這可不能亂說，否則豈不淪於情緒性攻擊或偏見？

答：貧富差距極大，富可敵國，貧無立錐之地，本是資本主義爲核心思維的「美式民主」的本質和常態。這只要看看凡是走「美式民主」的國家，如中南美、菲律賓及部份第三世界，就可以很清楚的知道問題所在。美式民主世界所謂的「自由競爭」，其實就是達爾文進化論中的「叢林法則」，弱肉強食，人心沉淪，社會惰落，政治腐敗都是必然的趨勢。所以，美國社會也不能免於這種趨勢，貧窮只是其中之一。

根據聯合國人權專家森古塔，在二〇〇五年十月廿三到十一月八日所做的調查（見當時國內外各媒體報導），美國的貧窮問題，嚴重程度名列前茅。二〇口四年的統計

顯示，全美有三千七百萬人處於貧窮狀態，四千五百八十萬人無健保，近二成人口正在忍受飢餓。所以「美國天堂」早已是過去式了，從美國立國到「911事件」前，得到兩洋的天然保護，之後「天堂」不見了。

問：在當代國際社會中，美國恐懼中國興起而製造出「中國威脅論」，台灣分離主義也確實是問題。但很少聽到「日本問題」，到底甚麼是「日本問題」？

答：根據二〇〇五年八月在中國大陸的一項民調，八成中國

表8-1：日本人為完成歷史使命所發動的三次侵華戰爭

	年代	原因	傷亡	
中日朝鮮七年戰爭（第一次侵華）	明萬歷20年(1592年)四月 ~ 萬歷廿六年(1598年)底	豐臣秀吉策訂大陸政策，主張統一中、朝、日成一個「大日本國」，爲亞洲盟主。	朝鮮	正規軍傷亡約20萬，日本佔領朝鮮行大屠殺政策，史書載：「平民十去其九」朝鮮險遭滅種。
			中國	傷亡約十萬軍人。
			日本	傷亡約二十萬軍人。
甲午戰爭（第二次侵華）	光緒20年(1894)六月 ~ 光緒廿一年(1895年)元月	佔領中國統一亞洲	中國	「旅順大屠殺」全城死光。統治台灣被屠殺的台灣人約數十萬人。
八年抗戰（第三次侵華）	民國26年(1937)七月 ~ 民國34年(1945)九月	田中奏摺：佔領中國稱霸世界。	中國	①正規軍死約300萬人 ②平民死約3000萬人 ③南京大屠殺數十萬人 ④華北各城被殺約200萬人

人認爲日本依舊是危險的軍國主義者，六成的人認爲中日仍難免一戰，而針對二戰日本在亞洲各國造成的傷害，有五成五的人「永遠不相信日本政府會進行眞誠的道歉」。這是一個眞度極高的民調（九十四年八月十七日中國時報），因爲到現在日本的政壇、學術、教育等有影響力的人，仍未忘情「大日本國」。這是日本問題的背景，現在走回歷史檢視這段背景。

如表所示，爲日本人爲完成歷史使命所發動的三次侵華戰爭，所造成的人命傷亡幾有天文之數，後遺症延續千百年。今日韓國裂解爲二及兩岸分離，日本人亦爲最大禍首。追究這種成因，日本人爲何有這個禍害亞洲的「使命」？又爲何有「政治信仰」？其實廣大的日面民衆並不知情，如同各國的小老百姓平安度日，只是一批野心家、正客不斷煽動、洗腦，侵略思想不斷的普及，再透過教育體系，告訴他們的子民，統一朝鮮和中國，建設成「大日本國」爲亞洲盟主，是日本子民的「天職」，中國人和朝鮮人生來就該接受大和民族的統治，日本民衆不斷被如此教育，仍信以爲眞。

數百年來，日本從未承認他們發動戰爭是不對的。二次大戰後，日本政府和民間也不斷篡修歷史，向他們的子孫解釋大和先民發動戰爭的合理性，說明在朝鮮、中國、台灣和南洋所進行的大屠殺，並未「殺死多少人」。政治人物參拜靖國神社（放二戰

戰犯骨灰），力圖喚醒軍國主義幽魂，日本必將再發動戰爭，侵略亞洲鄰國，這是「日本問題」的歷史背景。

當然也有文化背景，照理說日本在中國唐朝時派「遣唐使」學習中國文化，但學的半調子，又因島國心態變質。至滿清時中國衰落，誤以為中國文化無用，明治維新開始西化，可惜學到西方文化最惡質的霸權文化。甚至以當亞洲人為恥，乃有「脫亞入歐」政策。所以嚴格說來，日本是沒有文化的民族，也是無根的一群人。明治維新使日本成為軍國主義者，再度燃起侵略中國、統治亞洲及稱霸世界的夢想，不幸中了大英帝國全球大戰略的詭計，由日本在亞洲牽制俄國（日俄戰爭即是），降低英國在歐洲的壓力以利擴張。二戰後又成了美國在亞洲的棋子，成為圍堵中國的實兵。

這些都因日本沒有自己的文化，迷失了自己，想要使自己成為「歐洲人」，或拉住一個可靠的「靠山」（美國）。對當代世界文化與文明素有研究的學者吳明興先生，認為日面如果有文化，只有漫畫和色情，這是國家認可的工業。這也使日本成為全球色情工業最發達的國家，藝妓、援交、AV女優等行業成為文化象徵。

沒有文化的國家，島國之民的自卑，有錢就會轉成自大狂。只有軍國主義，重新殖民台灣，佔領朝鮮，打敗中國可以証明「大和民族的存在和偉大」。隨著美國之衰

亞洲各國抗議日本軍國主義復活

日本首相小泉純一郎十七日赴靖國神社參拜，引發南韓民衆不滿，高舉抗議牌在首爾的日本大使館前示威。小泉無視外界的反對，參拜象徵軍國主義的靖國神社，勢將使得日本與中國大陸、南韓之間的關係更加惡化。　圖／美聯社

2005 年 10 月 18 日，人間福報

和中國之興，「日本問題」要怎樣解決？

以上把「日本問題」的背景做一說明，一部份是自我迷失的自卑，再反彈成自大狂。結果鄰國遭殃，台灣已脫離殖民，仍佔領琉球，染指釣魚台。

問：這麼說，對中國而言，解決日本問題就是收回我國被佔領的琉球群島及附屬島嶼，並確保今後日本無力再侵略中國及亞洲國嗎？

答：所謂「日本問

題」的解決，包含日本再度發動戰爭侵略鄰國，還有佔領他國的領土必須歸還。

首先是第一部份，日本極可能再度侵略鄰邦，除了中、韓民調顯示外，日本的重整軍備、軍國主義復甦、右派勢力高漲、修改教科書合理化侵略行爲等都是徵候，政治人物不斷宣傳大和民族的歷史使命，統一中日韓的偉大理想，人民在不知不覺間接受了（被洗腦）。

當日本再度發動戰爭，台灣和韓國首當其，只有中國有能力解決日本問題，而且要「一勞永逸」的解決。當察覺日本即將發動戰爭，中國當以優勢戰力阻止，不惜以核武摧毀其全國總戰力，如此一來，戰爭很快結束，其全國人口約有三分之一消滅，再進行大遷徒，把三分之一人口分散安置在中國西北。並遷移亞洲各國多餘人口進入日本，此後設日本爲中國的一個州。這或許是永久解決日本問題的辦法，前提是日本即將發動侵略鄰邦的戰爭。

日本問題的第二部份是侵奪鄰國的土地都要歸還，依開羅宣言和波茨坦宣言，戰後日本只有本國的四個島。但日本至今宣稱北方四島、竹島、琉球和釣魚台爲其領土，本書只講琉球和釣魚台。

台灣人到琉球旅行，以爲出國到了日本，其實你是「回國」踏上自己國家的領土。

因爲自清末日本強佔琉球，各時期的中國政府從未承認。一九七一年美國無端把琉球移交日本，中華民國政府仍有嚴重聲明如下：

中華民國政府近年來對於琉球群島之地位問題，一向深爲關切，並一再將其對於此項問題之意見及其對於有關亞太區域安全問題之顧慮，促請關係國家政府注意。

茲獲悉美國政府與日本政府即將簽署移交琉球群島之正式文書，甚至將中華民國享有領土主權之釣魚台列嶼亦包括在內，中華民國政府必須再度將其立場鄭重昭告於全世界：

(一)關於琉球群島：中、美、英等主要盟國曾於一九四三年聯合發表開羅宣言，並於一九四五年發表波茨宣言規定開羅宣言之條款應予實施，而日本之主權應僅限於本州、北海道、九州、四國以及主要盟國所決定之其他小島。故琉球群島之未來地位，顯然應由主要盟國予以決定。

一九五一年九月八日所簽訂之金山對日和約，即係以上兩宣言之內容要旨爲根據，依照該和約第三條之內容，對琉球之法律地位及其將來之處理已作明確之規定。中華民國對於琉球最後處置之一貫立場爲：應由有關盟國依照開羅宣言及波茨宣言予以協商決定。此項立場素爲美國政府所熟知，中華民國爲對日作戰主要盟國之一，自應參

加該項協商。而美國未經此項協商，遽爾將琉球交還日本，中華民國至為不滿。

㈡關於釣魚台列嶼：中華民國政府對於美國擬將釣台列嶼隨同琉球群島一併移交之聲明，尤感驚愕。

該列嶼係附屬臺灣省，構成中華民國領土之一部份，基於地理地位、地質構造、歷史聯繫以及臺灣省居民長期繼續使用之理由，已與中華民國密切相連，中華民國政府根據其保衛國土之神聖義務在任何情形之下約不能放棄尺寸領土之主權。因之，中華民國政府曾不斷通知美國政府及日本政府，認為該列嶼基於歷史、地理、使用及法理之理由，其為中華民國之領土，不容置疑，故應於美國結束管理時交還中華民國。現美國逕將該列嶼之行政權與琉球群島一併交予日本，中華民國政府認為絕對不能接受，且認為此項美日間之移轉絕不能影響中華民國對該列嶼之主權主張，故堅決加以反對，中華民國政府仍切盼關係國家尊重我對該列嶼之主權，應即採取合理合法之措置，以免導致亞太地區嚴重之後果。（取自民國六十年六月十二日臺北「中央日報」。）

上述史實可能許多人忘了，但政府檔案和民間學者著作（雲五社會科學大辭典，四冊和丘宏達「現代國際法基本文件」）都仍詳實記載，提醒國人勿忘失土。一九七

二年政府又向世人宣告此一問題：

「中華民國政府對於琉球群島之地位問題，向極關切，並曾迭次宣告其對於此項問題之立場。茲美國政府已定於本（六十一）年五月十五日將琉球群島交付日本，且說將中華民國享有領土主權之釣魚臺列嶼亦已包括在內，中華民國政府特兩度將其立場鄭重昭告世界。

對於琉球群島，中華民國政府一貫主張，應由包括中華民國在內之第二次世界大戰期間主要盟國，根據開羅宣言及波茨坦會議宣言揭櫫之原則，共同協議處理，美國未經應循之協商程序，片面將琉球交付日本，中華民國至很遺憾！

至於釣魚臺列嶼，係屬中華民國領土之一部分，此項領土主張，無論自地理位置、地質構造、歷史淵源、長期繼續使用以及法理各方面理由而言，均不容置疑，現美國將該列嶼之行政權與琉球一併「交還」日本，中華民國堅決反對，中華民國政府本其維護領土完整之神聖職責，在任何情況下，絕不放棄對釣魚臺列嶼之領土主權。」

對於琉球和釣魚台，中華民國和中華人民共和國目前都因不願節外生枝，也無力進行實際佔領。但隨著美國之衰落，在亞洲失去影響力，日本失去靠山，中國強盛後，失去的領土遲早要回收。這是身爲一位中國人，在面對廿一世紀中國之興起，最合理

與最可能的世局判斷。

在廿一世紀中葉前，中國除面對美國之衰和日本問題可能引起的變局。在中國內部所要解決的是分離主義，如疆獨和台獨，按兩岸目前情況發展，十年內必完成統一。而蒙古也重回中國（蒙古國會近年已兩度表決通過，希望重回中國。）

問：用核武解決日本問題，確實是「一勞永逸」的辦法，戰後對其人口進行大遷移。之後把日本收納爲中國的一個自治州（元朝的構想），從此以後亞洲各國再也沒有「日本問題」了，但這個可能性有多少？

答：局勢可能未必如此發展，但中日爆發大戰，中國以核武解決日本問題，並非本刊提出。而是日本右派東京知事石原慎太郎早有的「判斷」。（詳見中國時報九十四年十一月十一日，A13版，及當時國外內各媒體報導。）

根據日本最新一期「週刊新潮」雜誌報導，石原在十一月四日訪美時在華盛頓演說，斷言「美中若起戰事，美國一定輸」。中國爲打擊美日安保而發動核戰，首要攻擊目標將是琉球（沖繩）或東京，而整個戰爭的導因便是台灣問題。石原強調，「美中之間若有紛爭，中國勢必想除掉最礙眼的美日安保體制，到時候中國的核彈不是落在琉球，就是對準東京。

該雜誌引述防衛廳相關人士有關戰爭時間的判斷，應該會在三年後，二〇〇八北京奧運之後，那一年也是台灣地區領導人大選，中國可能以武力來牽制台灣制定新憲法或台灣獨立等動作。按該報導分析，中國發動核武攻擊是合理的選擇。軍事專家平松茂雄也認爲，台海爆發戰事，有美軍駐留的日本，對中國便是敵國，中國當然也會把日本當成攻擊目標。

小結：本文原來只是幾位關心中國統一大業，堅定春秋大義不可偏離的朋友，在「台大咖啡廳」針對主題的談話，事後由本刊創辦人陳福成先生再加以補充整理而成的文章。

談話主題「美國問題、日本問題、台灣問題」，三大問題的共同背景是中國的興起。若無中國的興起，則亦無所謂「三大問題」。

三大問題的背後，各有政治利益的糾纏，很難論述其主從關係。惟美國之衰落，必然導至在亞洲被邊緣化，最後退出亞洲，如此則有利於中國解決台灣問題和日本問題。

台灣島內藍綠之爭，只是三大問題中的一個小環節。藍軍應該團結在春秋大義的旗幟下，結合全中國一切可用之力量，消滅分離主義，阻止台獨的形成，則中國的繁

榮統一可期，廿一紀紀便是中國人的紀紀。

中國之未來絕不能走「美式民主」之路（如台灣便是美式民主政治）。若未來的中國，如台灣這般「惡搞」民主政治，到廿二、廿三世紀，也不會有中國人的世紀。

中國有中國的歷史背影，有中國的政治思想，自有一套「中國式」政治制度，不能照搬西方那套。這樣才有利於中國之興盛，有利於面對美國問題，有利於解決日本問題和台灣問題。

人民面對「不法集團」的統治者應如何？

壹、台灣人民面對的是一個「不法集團」統治者

現在的台灣人民面對的是一個「不合法」的政府和政權，是一群不法集團的統治者，許多懵懵懂懂的人可能還不明究理，每日隨政客起舞。說起民進黨政府是「不法集團」，非法統治者，理由有四：

㈠「319槍擊案」是作弊的：一個經由精心設計的作弊案，和古今中外的篡國者、竊國者相同。篡竊者可以騎在人民頭上，那麼小偷或學生考試作弊何罪之有？

㈡貪污腐化的政權也失去統治的合法性：這也是古今中外所有政府和國家存在的要件之一，貪污腐化便是不法集團。民進黨政府成爲整體性的吃錢、洗錢和搞錢集團，

所以也失去統治的合法性和合理性。

㈢分離主義政權就是「不法政權」：這是中國歷史發展的定律，這也就是我國歷史上的分離或地方政權都是短暫存在的道理。那群不承認自己是中國人，不承認自己是炎黃子孫，否定了自己祖宗八代，這種政權當然不法。

㈣違反「春秋大義、仁政、正統和統一」思維：這點正好和前三項相對，中國人的歷史文化內涵正是這些，違反了這些思維，絕無好下場，歷史上從無例外。

貳、「趙建銘案」只是分離政權結構性吃錢的一角

分離主義政權既然是暫時的，就是短暫的存在，整個領導階層和有一點權力的人，當然是乘此千載良機撈一票走人。大大撈一票後下來享福，或遠走日本、美國，獨派執政這六年不是如此嗎：

㈠光天化日下，能吃的吃，能呑的呑，能搬的搬。

㈡在暗地裡，利用民營化，大搞五鬼搬運。

㈢趙建銘、陳哲男只是整體性吃錢的一個小角。

㈣所謂總統府、第一家庭、第一親家是共犯結構。

中國歷史上的分離主義政權，或地方割據政權大致上是如此。存在是暫時的，隨時可能被推翻、變天或被統一，撈一票走人也就成了正常心態。所以台灣問題的「源頭」，是獨（毒）立，獨便是毒，獨是戰爭和死亡，獨是操短線撈一票走人，獨是非法集團。

參、人民或泛藍面對不法集團應如何？（結語）

我這樣說，天真可愛的人民，還有那懵懵懂懂的人們懂嗎？人民或泛藍面對不法的統治者應如何？簡述其途徑和方法：

㈠泛藍要團結才能領導人民，其理甚明；當年孫中山的革命陣營若不團結，如何領導人民推翻滿清。

㈡方法上經由議會倒閣、罷免，配合群衆運動、準暴力運用、革命都是合法的，自古以來，革命就是人民的權力和權利。

抗戰勝利六十周年、陸官四十四期畢業三十周年慶

——兼寄語兩岸黃埔人共為國家統一而努力

九十四年是「七七抗戰」勝利、日本投降六十周年，正好也是我期（陸官四十四期，六十四年班）畢業三十周年。多麼有意義的日子，又是多麼巧合。抗日聖戰時，正是我父祖輩的黃埔老大哥，在戰場上流血流汗，經歷慘重犧牲，才換得的一個民族尊嚴與光榮勝利的日子。而斯時，我期同學都尚未出生（本期同學中最年長的出生於民國三十七年），爲何兩者併提？非在自己臉上貼金也，而是與有榮焉，偉哉！我黃埔老大哥們，他們用生命鮮血爲中華炎黃立下千秋典範。我期畢業三十周年，也是感慨萬千。

以上看似兩件事，實則是一件事。六十年前的黃埔老大哥們欲血沙場，及我期同學自民國六十四年畢業後，紛紛在金馬台澎及海內外各工作崗位服務，韶光易逝，匆匆又已過了三十年。算一算，在八年抗戰之前，民國十三年黃埔軍校成立後，老校長蔣公就率領著黃埔子弟，東征北伐，與日軍就開始有小規模戰爭。近來，年已過半百，髮已半白的我，常在想，這將近百年間，我們黃埔人「祖、父、子、孫」四代在做甚麼？我們四代人以「接力賽」的精神，一代接一代的，前仆後繼，視死如歸，午夜思之，我領悟到，四代人做的是「一件事」。

那「一件事」？一言以蔽之，曰「抵抗外患，民族復興，國家統一」。這是多麼簡單清楚的眞理！又是多麼崇高神聖的歷史任務！因而，值得一代一代的黃埔人率領著一代一代的中華兒女，無怨無悔的努力下去，這「一件事」未完成，那一個黃埔人能放的下一顆心。但畢竟，人生短暫，而民族復興與國家統一大業，常是百年或更長久的一個漸進過程，不管先後期黃埔人，我們只要一生堅持黃埔信念，身體力行，不分流血或流汗，也不分成功或成仁，當更不分軍階的高下，在春秋大義面前，也都無愧於心，也就放心了。

「抗戰勝利六十周年」，若干日本右派和台灣獨派相勾結，說成「終戰」，企圖引導視聽，讓一些不明就理的現代人物以爲中日戰爭已經「終了」、「遠去」，已經是「過去式」了，可以「忘記」了。果而我們眞的「全都忘記了」，便是中了日本鬼

子和台灣獨派的「毒」，「漠視歷史的人，終將成為另一次的受害者。」（引天下文化出版，張純如著，蕭富元譯，「被遺忘的大屠殺」，高希均先生出版者的話。）諾貝爾和平獎得主維厄瑟爾（Elie Wiesel），曾提出警告說：「遺忘大屠殺，就是二次屠殺。」是故，若我們全都忘了，不僅有被「再遭屠殺」的可能，民族復興與國家統一可能也受到威脅，前述歷史任務豈不成了「永久的夢」！？

所幸，兩岸黃埔人及絕大多數中華兒女並未忘記，你看！二〇〇五年的中國反日大遊行，風起雲湧，中國人民如黃河之澎湃，如長江之漫天，如五嶽之嶄巖頂立，中國民族主義再一次展示與詮釋在世人面前，中國要復興，眞是「山都擋不住」。在這場反日大遊行中，台灣地區的黃埔人和中華兒女雖有一海之隔，與大陸黃埔人和中華兒女們，其實是心連心同一陣線的（少數不認自己是中國人，不認自己的祖宗的人也就是例外了。）

說起兩岸黃埔人，我在寄語數言，早年兩岸黃埔人曾在戰場上殺的你死我活的，也各自寫下驚天動地的史章，也許那是追求民族復興和國家統一過程中，使用了「不同手段」的結果，而其目標則一。歷史發展常出人意料，目前的兩岸情勢，在中國之興起與美帝之衰落。「反分裂國家法」製訂完成、連宋訪問大陸完成政黨和解及島內執政者承認了「台獨是自欺欺人」論述等，以產生「結構性變化」，即已開始向統一之路傾斜前進。就在這國家統一之前夕，兩岸黃埔人務必同心發揮力量，縱使是「一根稻草」的重量，也與春秋大義等值。

為發揮「一根稻草」的力量，筆者和一群朋友成立「華夏春秋」雜誌社，一方面希望在國家統一前夕不要缺席，發揮一點文化力量。再者，身為「陸軍官校四十四期」的一員，在戎馬三十年後，「告老返鄉」之際，再發揮一點力量，也算我期對國家民族的貢獻。

四十四期同學畢業時六百人（內含預備班十三期、士校和聯招），目前只剩十餘將級在崗位上，退休有先後，軍階有高低，但吾等所思所言所行，在春秋大義面前等值也，同是民族復興與國家統一之戰士。末了，願母校校運倡盛，兩岸黃埔人健康如意。（本文與照片均先刊於陸軍官校校友會訊，第四十二期，九十五年元月。）